パリ＝東京　往復書簡

高橋たか子
井上洋治

教友社

目次

高橋たか子
井上洋治　パリ＝東京　往復書簡

パリ＝東京　往復書簡

第一回

芸術のなかにもなかった故郷の色を

九月一日　パリ（一九八一年）

高橋たか子

神父さん、やっとパリに落ち着きました。ちょうど去年の今ごろパリに来て、ずっと居ついてしまい、将来パリに住む決心をして、しばらく日本に帰ったのでしたが、その期間の夏の日本の湿度は何と耐えがたいものだったでしょう。パリではからりとしていて、九月一日現在もう朝夕はウールの半コートを着ています。湿度の多さは、日本に生まれて育った私にとってあたりまえな、慣れたものだったわけですが、今回帰国の折りには違和感そのものと感じられました。人間関係についても湿度の多さというものがありますね。きっとそれはある面では日本のいいところとして表れるのでしょう。けれども私には、これは、どういうわけか子供のころから決して慣れることのできないものでした。

常に常に故郷をさがしてきましたが、パリこそ私のそれだということをだんだん確信するようになりました。いきなり本質的なところに入りますが、故郷とは「神において在る」ことということですね。地理的な故郷とか血縁的な故郷とか精神的な故郷とか、そんな方向を長年にわたってさがしてきたものでした。この最後の精神的な故郷というのは、私にとって芸術でした。でも芸術のなかにもそれがないということが、ついにはっきりしてきて、そうした一切を通りぬけてしまい、神のなかにいることが故郷にいることだと思えるようになった今日このごろです。

その意味では、世界のどこにいようと神のなかにさえいればいいのはよくわかっています。でも私には、なぜかパリにいると日本にいるよりも神のなかにいると感じられるのです。その理由については、さかしげに分析したり解釈したりせず、そのことを神の神秘のなかにそっと置いておくのがいいのだ、ということもわかってきました。人間の知性を超えることですから。

けれども、少なくとも、次のようなことは言ってもいいのではないでしょうか。

ここパリは、無数の人々が何世紀も何世紀にもわたって祈ってきた場所なのです。そうした祈りがこの都市にしみこんでいます。あらゆる建物に、あらゆる通りに、あらゆる風景に、そして何よりも教会に。しみこんでいるそれに、きっと私が感応するのでしょう。かりに私が努力しないでも、ここにいるというだけで、何かが私を知らず知らずのうちに助けてくれるらしいのです。

もちろんフランスでなくても、ヨーロッパのキリスト教国のすべてについて、そのことが言えます。けれども、私が祈りと言う時、祈りの心であると同時に、その心を表す言葉なのです。だから、どんなに祈りのしみついている土地であっても、私にとっては、たとえば英語の祈りがしみついている土地なら、かなり無縁なものとしてとどまるでしょう。イタリア語、ドイツ語、スペイン語などなどについては言うまでもありません。

私には手がかりはフランス語しかありません。この祈りを表すフランス語の言葉については、去年の九月から今年五月までの滞在中に、じつに不思議な経験をしつづけたので、ますますそれが手がかりになってくれるようです。

フランス語による祈りは、超自然のものを私に顕示してくれます。あるいはまた、こういう言い方もできるでしょう、フランス語による祈りに接していると、その言葉の向こう側から、なにか光の幕のようなものがさっと私を掠めにくる、と。

さっき土地そのものに祈りがしみついていると申しましたが、言葉そのものにも祈りがしみついているのです。何世紀も何世紀にもわたって、これらの言葉によって人々が繰り返し繰り返し祈ってきたのですから。そして、この言葉＝祈りの全体が、キリストの生命体をがっちりと抱きかかえているように思われます。

伝統というのはこういうことを意味するのだとわかってきました。キリスト教の伝統のある国というのは、そこで人々が祈ってきた国ということであり、しかし歴史の次元でそういうことが過去に行われてきたというのでなくて、過去に祈られた祈りのすべてが現在この場所に、いわば浮いている、つまり「生きている」ということなのですね。伝統とは超歴史のものですね。

パリにいるというだけで、なぜこんなことまでわかってくるのでしょうか。だれから教わるわけでもなく、何かがおのずから、ふいにわかってくる。なにか怖いようなことです。

ずっと以前、日本で、北海道のトラピスト修道院に黙想に行っている時、やはり黙想に来ていたあるシスターの口から「祈りこめられた場所」という言葉を聞いたことがあります。その時私たちのいた場所つまりトラピスト修道院が、そうだというのです。それまで一度も耳にしたことのなかったそれは、とてもいい言葉だと思われ、以来ずっと記憶のなかで大切にしています。

それを使うなら、キリスト教国というのは「祈りこめられた場所」なのです。そこに身を置いていると、そうでないところよりもよく祈れます。もちろん、非キリスト教国にいても祈ることができなければならないのはわかっています。けれども、先にも書きましたように、パリにいますと、そこに祈りこめられている祈りが、私を助けてくれます。過去の人々の祈りでもあり現在の人々の祈りでもありますが、両方とも現在のものです。こういう場所で私自身の祈りを深めた上で、いつかそれを日本に持ち帰りたいとは思っています。日本という非キリスト教国で、神父さんがなさっていることに、私もいつか協力できるだろうとは思っています。

パリでキリスト教について私の考えたことを、これからどんどん書き送ります。間違っているかもしれないようなことも、あまり恥とは思わずに大胆に書いていきますので、神父さんのほうからも思う存分訂正してください。いつかのように大論争になるのもたのしいことでしょう。

先日、日本からフランスへ来る時に、ある経験をしました。乗ることになっていたアエロフロートが、八月二十五日午後一時発だったのに、乗客全員が出発ロビーに入ってしまってから、エンジン・トラブルということで午後四時発の予定とアナウンスされました。だれでもこういう時には不安になるものですが、私は人一倍ダメなのです。もともと飛行機神経症といっていいほどなのですから。午後四時発の「予定」という言葉がいちばんいけません。はっきりしないことほど人を不安にします。待っている三時間、何という気分でいたことでしょう。ところが現に午後四時になると、今日この飛行機は飛ばないことになりましたとアナウンスされました。翌日の正午発の予定（!!）ということで、乗客全員は近くの日航ホテルに連れていかれました。その夕方から翌日にかけて、不安のあまり身の置きどころのない感じです。何キロも痩せ細ったような気分です。一人旅ということもあります。だれかたくましい男性の腕などというものがこの世にあれば、それにすがりたかったでしょう。

あの時の気分は、飛行機神経症のせいばかりではないのです。自分がもう日本にはいず、そしてまたフランスにもいないという、中間にいることの不安といいましょうか。二つの国の間の、何もない隙間《すきま》に落ちこんだようなものです。何もないので、何もすることができません。ただただ不安に真っ向から向きあうだけです。翌日の午前になっても、いっこうに何の通達もありません。そんな時、ホテルの一人部屋の窓辺に座っていると、その向こうは森と空でした。私は、パリで非公式ながら所属することになっているイエルサレム会という修道会の『いのちの書』をカバンに持っていたので、それを読みだしました。祈りの本なのです。すると、飛行機の出発時間だけが目下緊急の問題になっている「時間」のなかへ、「無時間」が入ってきました。ふと私は、いま窓の外に見えている眺めについて、これはもう日本ではないと思ってみてはどうかと思いました。ヨーロッパのどこかの森と空しか見えないホテルの窓辺にいるのと全く変わらないのです。そう思うと、ほんとうにそう思えてきました。日本とフランスとの隙間に落ちたと思うから不安なのであって、どこでもないところにいる、または、どこにでもいる、と思えてきました。「神のうちに在る」ならば、どこにでも自在にいることができます。そうして、ふうっと不安から解き放たれました。

やっと乗客全員が前日の出発ロビーに案内された時まで、その状態はずっと完全に持続しました。ところが、もう一度邪魔が入りました。せっかく出発ロビーまで来たというのに、またまたエンジン点検のために二時間も遅れるというアナウンスです。このことで、他の人々にとっても事故にたいする不安は二倍になったようです。私にとっては、前日と同じ状況が繰り返されたことが大変こたえました。私には反復というものにたいする、いいようのない恐れがあるのです。それで、もう一度『いのちの書』を読みだしました。すると、またしても無時間が私のなかに入ってきて、すうっと時間から解放されました。不思議なほどのさわやかさでした。そうして、人々の抱いているらしい事故への不安にもかかわらず、パリまでの間ずっとさわやかでいました。つまり、自由でした。そして、不安というものの関門を内的に通り越したという、強い感じをいだきました。いま現在、パリにいて、その感じがずっとあります。あの時に関門を通り越してしまったのだと思います。

九月十三日　東京（一九八一年）

「石の文化」の持つ重み

井上洋治

お便り拝見しました。航空機のエンジン・トラブルで日本からの出発が丸一日以上も遅れたとは、高橋さんも飛行機旅行ではついていませんね。あなたのお手紙を拝見しているうちに、三年ほどまえに御一緒したイスラエル旅行のことを思いだしました。あの時もシナイ半島入り口のエイラートの空港で、何時間も待たされ、おかげでエルサレムに入ったのは夜の九時すぎになってしまいましたね。小グループではあっても一応グループの責任者という立場にあったからか、エルサレムのホテルに着いた時の、オリーブの木々の葉をゆらしていた強い風の音が今でも耳に残っています。グループの旅でさえ、いつでるのかわからない飛行機の出発を待っている不安と焦燥はかなりのものなのですから、今回高橋さんが体験された不安というものがどんなに深いものであったかは想像できるような気がします。そしてその不安の最大の原因は、おそらく高橋さん御自身が気づいておられるように、日本にはもういず、さりとてまだフランスには着いていないという、その間隙への落ちこみにあったのでしょうね。

人間というものは、目前に迫ってくる明確な敵の恐怖には耐ええても、いつどこからおそってくるかわからない敵に対する疑心暗鬼には耐ええないものだということを、どこかの本で読んだことがあります。たとえ非公式にではあっても、一応修道会に所属して生きてみようとなさっているパリでのこれからの生活は、やはり高橋さんにとっては「未知なるものへの不安」をどうしてもともなっていたものだったろうと思います。その未知なる世界に向かって思いきって跳んだ時に、ちょうど空中でぴたっと止められてしまったようなものですから、高橋さんが「不安のあまり身の置きどころのない感じ」だったといわれるのは、まさにそのとおりの感じだったのだろうと推察します。

高橋さんをその不安から救いだしてくれた『いのちの書』というのは、いったいどんな書物なのか、読んだことのない私には想像もできませんが、とにかくその書を通して「神の愛の掌のなかにある自分」という、宗教体験にとって究極的なものが高橋さんの心のなかに目覚め、高橋さんをその極度の不安状態から解放してくれたことは、ほんとうにすばらしいことでした。

以前から私は、人生にとって真に大切なものは、決して順風に帆を揚げている時に見えてくるものではなく、岩にぶつかり逆風に苦しめられている時にこそ、打ち砕かれた心の割れめから見えてくるものだと思っていたのですが、あなたのお便りを読んでいて、やはり向こう側からくる恵みの風は、そういった隙間からしか吹きこんではこないのだなあということも、改めて痛感させられました。それにしても、パリに着いてもずっとこの解放と自由の感じが持続しているというお便りに、ひとごとながら何か私自身もほっとしたような思いです。

それはともかくとして、どうも私には高橋さんのパリという町への思いが理解不能なのです。確かに私がフランスで住んだことのある町はリヨンとリールで、パリには十日くらいしか滞在したことがないのですが、従ってパリについてとやかくいう資格は全くないのですが、旅行でちょくちょく滞在するかぎり、どうしてパリという町がそのように宗教的魅力を持っていると言われるのかがよくわからないのです。もっとも高橋さんが関係を持っておられるイエルサレム会という修道会を私が全く知らないということもあるかもしれませんが……。

パリが長い伝統を持った町だといえば全くそのとおりでしょうし、あらゆる建物に、通りに、風景に、祈りがしみついているといわれればそれも全くそうでしょう。それはわかるのですが、私はどうしてもあなたのような出会いをパリやフランスに対して持つことができなかったし、従って「フランス語による祈りに接していると、その言葉の向こう側から、なにか光の幕のようなものがさっと私を掠めにくる」などという体験などともおよそ無縁なのです。

ヨーロッパで私が強く感じさせられたのは「石の文化」の持つ重みでした。特にローマの町に私は強くこれを感じさせられました。ふと町かどに、汚い路地に、何百年もの間の人々の哀しみや、願いや、祈りのこめられた古い石の建物に出会った時、そこに私は歴史の流れの重みというものを息苦しいまでになまなましく感じさせられたものでした。それがすでに風化した廃墟であれば、私はそこに滅びゆくものの美を感じとることができます。パリやローマのような町ではなく、むしろどっか片田舎の寒村に、壁も少しくずれかけて静かに夕陽をあびてたたずんでいる小さな村の教会には、私もおっしゃるような魅力は感じるし、祈りというものも長い歳月の間にひっそりとその空間に沈殿しているように思えるのです。その私の感覚のなかには、すべてを風化し自然に帰してしまう「木の文化」というものへの共感が、意識以前のものとしてかくれているのかもしれません。

私はローマの町は好きです。しかしローマを含めてヨーロッパの石の町には、何かあまりにもどぎつく、人々の顔がのぞきすぎているように思えるのです。祈り、願い、苦悩、怒り、それらがあまりにも赤裸々な姿をみせすぎているのです。

これは、どちらがいいとか悪いとかいう問題ではなくて、何か根本的な感覚の違いなのではないかという気がします。

数年まえトルコを旅して、コンヤという町に泊まったことがあります。パウロの時代にはイコニウムといわれていた町で、現在ではトルコでの回教信仰の中心地になっています。そのコンヤの町で泊まった時のことですが、朝何か、うなっているような歌っているような大きな人声が窓外のスピーカーから聞こえてくるので目が覚めました。後でわかったことなのですが、これは回教の朝の祈りで、回教の町はこの朝の祈りによって目覚めていくらしいのです。私にとっては初めての経験だったので全くびっくりしたのですが、夕方にも同じように祈りが放送され、まさに祈りのなかに町が沈殿しているといった感じをうけました。正直いって、この回教の町の持つ、祈りと戒律の生活の激しさに私がある種の圧倒されるような迫力を感じさせられたことは事実です。しかしそれは、引きこまれるというような、あるいは飛びこんでいきたいと思うような魅力ではなくて、むしろ拒絶されるような異質感でした。

それは私にとって、三年ほどまえに御一緒した、あのシナイ山の持つ強烈さともまた違ったものでした。あの見渡す限りの赤褐色の岩山が、行けども行けども連なっているシナイ半島の風景は、確かに一切のあわれを拒絶する峻厳さを持ってはいました。しかしあの風景には、私も高橋さん同様ひき付けられるようなある魅力を感じていました。以前にも高橋さんに申しあげたことがあったと思いますが、私はギリシャ正教の神学、特に十四世紀のグレゴリオ・パルマスに代表される東方教会の考え方には大変親近感を感じています。しかしコンヤの回教寺院に対するのと同じく、あの岩沙漠の真ん中にあるギリシャ正教のカタリナ修道院のチャペルと儀式には、正直いって私はある種の違和感を禁じえませんでした。ちょうど余白というものが全くなく、びっしりとイコンや壁画でうめられているチャペルの持つ圧迫感と異質感なのです。やや誇張して言わしてもらえば、同じような感じを私はヨーロッパ・キリスト教に対しても持っているのです。

高橋さんは、おそらくそれは言葉のせいだとおっしゃるでしょう。言葉＝祈りといわれている高橋さんの立場からすればそれは当然のことでしょう。私は「言葉そのものにも祈りがしみついているのです。何世紀も何世紀にもわたって、これらの言葉によって人々が繰り返し繰り返し祈ってきたのですから」という高橋さんの考え方を否定するつもりはありません。確かに言葉には、長い間の祈りがしみついているでしょう。しかしこの高橋さんの考え方に対して、私は大きな二つの疑問を感じています。

一つは、高橋さん御自身おっしゃっておられるように、少なくともヨーロッパ語のどれか一つがわからなければ、言葉から祈りへとさかのぼることができない、すなわち祈りの体験を自分のものとすることができないとすれば、大部分の日本人にとって、真の祈りの体験というものを自分のものとすることは不可能だということになりましょう。ヨーロッパ・キリスト教というものを自分のものとするためには、確かにおっしゃるとおりヨーロッパ語のどれか一つがかなり自分のものとしてこなせていなければならないでしょう。しかしヨーロッパ・キリスト教を自分のものとすることと、イエスの福音を自分のものとすることとは別なことだと私は思います。第二に、祈りとは、イエスの、ペトロの、そしてヨーロッパの人々の心の琴線を、何世紀にもわたってかきならしてきた聖霊（私は聖霊とは、私たちの存在の根拠から吹きぬけてくる、生きとし生けるものの余白の風だと思うのですが）が、今の私たちの心の琴線をかきならすことだと私は思っています。

祈りとは私にとって、言葉のつきた地平にはじまるものなのです。

祈り論をやっているときりがありませんし、もう紙面もなくなりましたので今晩はこれでやめます。

東京も九月半ばになって急に涼しくなり、草の葉にすだく虫の声がもう秋の到来を告げています。パリの街路樹のマロニエは、もう黄ばみはじめたでしょうね。どうぞお元気で。

さよなら。

第二回

九月二十七日　パリ（一九八一年）

「大都市の荒野」で祈るイエルサレム会

高橋たか子

神父さん、さっそく御返事ありがとうございました。なにかいきなり議論がはじまりそうですね。「祈り論」のことです。もちろん議論のための議論ではありません。どうしても何かをあきらかにしたいので、私はそれを続けたいと思います。何かをあきらかにすることによって、祈りの姿勢を見つけたいのです。ただそのためだけです。

「祈りとは私にとって言葉のつきた地平にはじまるものなのです」と神父さんはおっしゃ

いました。私があまりにフランス語による祈りの言葉に固執したからだろうと思います。神父さんのおっしゃるとおりです。けれどもこのことを、双方からもう少しはっきりさせようではありませんか。

言葉の通用しない「彼方」というものがありますね。その「彼方」から、言葉の通用するこちらの領域へむけて、「いのち」がきていますね。結局のところ、この「いのち」のなかに浸ることが祈りですね。けれども、われわれ人間は言葉をとおしてそこにかかわらざるをえないのではないでしょうか。かりに黙っていても、沈黙の言葉ともいうべきものを手がかりにするのではないでしょうか。神にむけて「あなた」と呼びかけることそのことがすでに言葉ですもの。もし呼びかけなければ、そこには無関係の沈黙があるだけではないでしょうか。「あなた」によって神と私との間に親しい通路がひらけるのではないでしょうか。第一、ミサそのものが、そこで言われる言葉の各段階をとおしていって最終的に聖体拝受においてキリストに出会う儀式だ、という言い方ができませんか。神父さんのおっしゃるように、厳密にいえば祈りは言葉のつきた地平にはじまるのであるし、言葉のところにだけとどまっていてはいけないのは、よくわかっています。けれどもキリスト教の言葉というものが厳然とあり、もしそれをとおさないで祈るならば、仏教その他の宗教の祈りと同じところに落ちこむことになるのではありませんか。これに関して神父さんの御意見をおっしゃってください。「祈り論」は違った形でずっと続けたいと思っていますが、今日はイエルサレム修道会のことを簡単に説明したいと思います。

ここ十年ほどの間に、フランスでキリスト教のあたらしい流れが起こっています。当然、第二ヴァチカン公会議後の現象です。人間精神の分野において、西洋合理主義の限界にたいする反省がいろいろ行われるようになって、西洋の伝統にないもののなかから活路を得ようとする動きがありますが、それがキリスト教にもはっきり出てきたということだと私は見ています。西方神学にたいする反省が東方神学を導入することによって行われています。そういうあたらしい流れのうちにあって、何よりも大都市という荒野におけるオアシスたらんとしているのがイエルサレム会なのです。山中でも田園でもなく、大都市のただ中で祈るのが目的です。さしあたっては、パリです。マルセイユにも最近できました。ですから、修道者・修道女が祈りの生活をしているだけでなく、彼らの祈りに一般の人々が参加するという形態をとっています。毎夕六時から晩の祈りに続いてミサが、パリの中心に位置するサン・ジェルヴェ教会で行われ、大都市の生活者が大都市で生きることの重荷をかかえて祈りにきます。あらゆる種類の職業の人々がきているということです。聖職者でなくてもだれにでもわかり、だれの心にも直接入ってくる典礼の内容なのです。念Ⅰ禱と朝の祈りが朝六時半から、昼の祈りが十二時半からあります。これは、参加する一般の人々がわずかで、教会のなかの小さな礼拝堂で行われています。

祈りのふんい気には独得なものがあります。私はフランスでベネディクト会やシトー会の典礼に出たことがありますが、そういう伝統的な修道会の典礼のなかにある明快ですっきりしたものとは違った、どこか混沌とほの暗い神秘的なものが、このイエルサレム会の典礼にはあるのです。しかも、最高の文化の都であるパリで生まれた修道会ですから、知的にも芸術的にもきわめて洗練されています。とはいっても、そのことが極端な「清貧」の上に成り立っているのだということもつけ加えておきます。この清貧と、洗練との共存というのが、私にはいわくいいがたい魅惑です。

ところで、東方教会の典礼というのは、垂直的に神にむかう典礼だということです。この垂直性が、イエルサレム会では強調されています。直接に、神に、聖母に、聖人たちに、自分をさしむけるという姿勢です。その自分というのが、西方ではとかく頭脳的であったのにたいして、東方の全人間的というのが取りこまれています。全人間的に神にむけて自分をさしむける。頭脳的にではなく、いわば肉体的に。つまり、聴覚、視覚、触覚、嗅覚などすべてをあげて。そのために、イコンを使い、香をたく所作があり、明かりの効果を大事にし、大地に触れるためにござを敷いた床に座ります。そして、ほとんど全部を歌います。ビザンチン的なメロディです。また、多声音（ポリフォニー）による声の調和が、歌う人々の心と心を結んで、心をひろげますし、情緒的なものをも生みます。ゆっくり、長々と歌っていきます。たとえば、週日の晩の祈りとミサとで、一時間半ほどかかります。日曜の朝のミサは、ミサだけで一時間半以上かかります。このリズムは、現代の大都市生活のあわただしく不安で落ち着きのないリズムを、ゆるやかな波のように押しかえします。そして、鎮静します。私にはくわしくはわかりませんが神学的に豊富な典礼だということで、つまり、ギリシア教父たちのテキストに根づいた典礼だということです。右にあげたさまざまな点において東方的であり、もちろん西方的でもあり、西方と東方とを一体にしようというエキュメニックな理想が、イエルサレム会の典礼全体につらぬかれています。

修道者の会と修道女の会とに分かれていて、それぞれ独立していますが、典礼は一緒に行っています。前者は一九七五年に、後者は一九七六年に生まれました。修道者も修道女も典礼の時だけ白い祭服を着ますが、ふだんは働きやすい服装をしています。一日の半分が祈りで、半分が仕事です。フランスではそういうことが可能なのですが、みな午前中半日だけ、一般のサラリーマンと同じように街へ働きに出ます。いわゆる活動修道会のように修道会そのものの仕事があるのでなくて、一人一人が自分の能力をいかして市中で働きます。みなの得た給料が、修道会の経済的基盤となっています。そして午後が祈りの時間となります。全体として観想修道会的なものがありますが、祈りと仕事が、つまりマリアとマルタがこういう形で実現されています。

私は東京という大都市でいつもいつもまぎらわしようのない苦痛をかかえて生きていました。職業的にも私的にも交際範囲が広いのでたくさんの人々と会い、始終話をしているにもかかわらず、人間関係の何をもってしても存在全体が充されぬという苦痛。一言でいえばそうなります。ごく四、五人との関係をのぞいては、私の口にすることは全部相手を素通りしていくのがはっきり見えてしまうし、相手の口にすることは私の求めていることでは全然ありません。通じないので充されません。その結果、あれほどたくさんの人々と会っているのに、人間というものは私から消えていき、東京という大都市の砂埃とコンクリート、夏には汚れた熱風、冬にはざりざりする寒風にとりかこまれて、一人きりで歩いているような感じを強烈にもち続けていました。一九七八年にパリへ遊びにきた時（もちろんそれまでも何度も来ていますが）、そのころ留学でパリにいた中村香織さんと会う約束をし、彼女の指定した場所がサン・ジェルヴェ教会でした。昼の祈りに出るからそこで落ち合おうと彼女は言ったのです。昼の祈りがどんなものなのか、また彼女が通っているイエルサレム会がどんなものなのか、私は何も知りませんでした。そして、その教会の入り口に立った時、扉のわきに白い貼紙を見、何となく読みました。「Venez à moi, vous tous qui peinez」（苦しめる者みな、私のところに来なさい。マタイ伝十一・二十八）とありました。このフランス語がぐっと胸にきて、日ごろあまり涙のでない私が、思わずたて続けに流れだした涙をどうすることもできませんでした。その貼紙とは別な貼紙だったか、または入り口を入ったところに置かれていたチラシだったか忘れましたが、「イエルサレム会はこの大都市という荒野に生きて孤独と不安と無関心とに苦しむ者に、沈黙と祈りの場をあたえようとする修道会である云々」といった意味の言葉が、ひき続いて私にとびこんできて、もうますます涙があふれるばかりでした。「大都市の荒野」――ここで言われているのはパリですが、私が東京に感じていたのはまさにこの言葉のあらわすものだったのです。東京をさまよい歩いていて、これほどの人間的な不毛のなかにこそ生ける水がいつかどっと溢れだささないものかと思ったものでした。

私とイエルサレム会との結びつきは、この瞬間にこの言葉によって決定されたようです。その時ははっきりそうとは意識しませんでしたが、振り返ってそう言えます。中村香織さんと会うということを通して、神が私に働きかけたのだと、いまは確信しています。別な場所で落ち合うことも可能だったのですから。

ざっとこういうところです。イエルサレム会というのがきわめて現代的な修道会であり、現代の都会人が暗々裡に探し求めているものに答えるような内容をもつ修道会だということ、おわかりいただけたと思います。

十月十七日　東京（一九八一年）

祈りとは言葉のつきた地平にはじまるものだ

井上洋治

三階にある私の部屋の廊下の窓からは、すでに黄ばみはじめた銀杏の葉が、青空を背景に鮮やかにうかびあがって見えます。学生時代から、秋になると銀杏の並木道を散歩しながら、黄色い葉を美しくうかびあがらせている澄んだ青空を見ることがこのうえなく好きだった私は、いまでも黄ばんだ銀杏の葉に青空を眺めていると、ある種のすがすがしい感動を覚えます。喧噪とコンクリートですっかり荒れはててしまい、かつてのあたたかさを失って、高橋さんのいわれる「大都市の荒野」になりきってしまった東京の都心にも、かすかではあっても、少しずつ秋の静寂が訪れてくるようです。

お手紙ありがとうございました。「祈りとは言葉のつきた地平にはじまるものだ」という私の表現は、確かに誤解をまねきやすい表現であったと思います。私はこの表現で、言葉による祈りを否定するつもりはまったくありませんでした。主イエス自身、私たちに「主の祈り」を教えてくださったのですから。ただイエスがこの「主の祈り」を弟子たちに教えられた時、イエスの頭のなかには、言葉で長々と祈っていたユダヤ人や外国人たちの祈りがあったことは確かだろうと思うのです。「そんなにただ長くくどくどと祈っていればいいというものじゃあないぞ。おまえたちに何が必要なのかなどということは、いちいち言葉に出していわなくたって、父である神は先刻御承知だ。だからこう祈れ」、そういってイエスはこの「主の祈り」を弟子たちに教えられたのだと「マタイ福音書」の著者はいっていますね。また「ルカ福音書」の著者は、この「主の祈り」は、弟子たちから祈りを教えてくださいとせがまれたイエスが示したものだといっています。私にはこの極端な祈りの簡素化のなかに、神をアッバと呼んだイエスの姿勢が躍如としているように思えるのです。

高橋さんは、神にむかって、あなたと呼びかけること自体がすでに言葉ではないかとおっしゃいました。まことにそのとおりだと思います。でも「あなた」とか、英語のユーとかフランス語のテュとかいう言葉には、何か私がこちらにいて、その私にむかいあって「あなた」がそちらにいる。その「あなた」にむかって語りかけるというイメージがあるように思えます。そして私は、神というのは決して私たちがその外に立つことのできないかた、言いかえれば決して対象・オブジェクトにはならないかただと思うのです。たとえ「あなた」という呼びかけであったにしても、私たちが外から呼びかける対象としての神は、偶像ではあっても決して真の神ではない、と私は思っているのです。それでは神は無限でもなければ絶対でもなく、ほかの物と同じように、観察し、分析し、総合する自然科学の対象にもなるはずのものになってしまうと思うからです。

もうずいぶんまえのことになりますが、高橋さんが私に、神様はどこにいらっしゃるとお思いですか、と聞かれたことがありましたね。覚えておいででしょうか。その時、私は、神様は上にも前にもいない、下か後ろだ、という返事をしたと思います。あの時、私は、神は対象になるものでは決してないのだということがいいたかったのです。その意味でイエスの神へのアッバという呼びかけは、実に深い意味をもっていると思うのです。

御存じのように、アッバというアラム語は、もともとは幼児語で、乳離れをした幼児が最初に覚える言葉で、父親にたいして呼びかける言葉だといわれています。ですからさしあたって日本語にしてみれば、パパというところなのでしょうね。そうとすれば、このアッバは、決して父親にたいして独立して立っている一人の人格が呼びかける言葉ではなくて、父親の腕にいだかれている幼児が、父親にたいして発する言葉だと思います。もちろん父親と一体とは申しませんが、しかし「私とあなた」といったような意味で、父親から離れ独立した主体が呼びかける言葉でもないと思います。いわば、前にいる存在者にたいしてではなく、自分をあたたかく包みこんでくれている存在にたいして、愛情の一体感のうちに発せられている言葉だと思います。そしてこの幼児の呼びかけは、あとは言葉にならず、ただ父親との愛の一体感のうちにとけこんでいくでしょう。

高橋さん御自身も、「厳密にいえば祈りは言葉のつきた地平にはじまるのであるし、言葉のところにだけとどまっていてはいけないのはよくわかっている」とおっしゃっておられるわけですし、私も、言葉による祈りは、祈りではないとはいっていないわけですから、究極的には私たちは同じことをいっているのかもしれませんが、ただどうしても私には、言葉というものは、何かについて考える時にでてくるものだ、というふうに思えてならないのです。あなたがいわれる「沈黙の言葉」というのは、ちょっと私にはわかりにくいのですが、近代合理主義に毒されすぎてしまっている私たちは、道ばたの一輪の花を見ても、すぐその花について考えてしまって、たんてきに花のいのちにふれるということの大切さが見失われがちになっているのではないかと思うのです。もっともこの私の祈りについての考えには、多分に私が青年時代を過ごしたカルメル会の修道院の影響があるのかもしれません。大学を卒業した二十三歳の時、私はリジューのテレジアの生き方を追ってフランスに渡ったのですが、「ちょうど母親の手のなかにいだかれている幼児が、母親にたいしてもっているような、絶対な無条件の信頼を神にたいしてもつ」というテレジアの生き方は、さきほどのアッバに通じるものがあると思いますし、逆に考えれば、カルメル会の祈りの精神が気に入ったので、わざわざフランスまで渡ってカルメル会に入会しよう(その時、男子カルメル会はまだ日本にはありませんでした)と思ったのかもしれませんが……。

ともかく、ベネディクト会やトラピスト修道院が、詩編や聖書を歌うことに祈りの中心を置いているのにたいして——私の記憶が間違っていなければ、一日数時間が歌隊所で詩編や他の聖書の箇所を歌うことにささげられていたと思います——カルメル会の祈りの中心はあくまでも念禱(黙禱。黙想と考えてくださってもけっこうです)で、朝は五時から六時まで、夕方も五時から六時まで、そして真夜中に三十分と、毎日二時間半の時間が念禱にあてられていました。そしてその念禱の方法も、頭を使って想像したり考えたりすることをできるかぎりやめるように努め、ただ目をつむって神のなかに己を没入させていくという方法でした。カルメル会の改革者である、十字架のヨハネという人は神秘思想家として有名な人ですが、彼は『カルメル山登攀《とうはん》』という著作のなかで、神との一致を「無、無、無、カルメル山頂は無」という言葉であらわしました。また『霊の賛歌』という本のなかでは、「神との一致は、澄み渡った静かな夜のうちに行われる。そこにはもはやいかなる言葉の騒音もない」といっています。また本の名前はいまちょっと思いだせませんが、「神が私にくださった最大の恵みは、神の前では沈黙する以外にないということを教えてくださったことである」というような意味のことも述べています。

話がちょっとそれますが、私は年に一度、十日間のシスターがたの黙想指導をすることにしています。朝ミサをささげ、午前中に一度、午後に一度講話をすればよいので、あとはシスターがたが沈黙のうちに黙想しているのを眺めていればよいのですが、年に一度シスターがたのまじめな生活に接することは、ゆるんだ私の生活のねじをまきなおすのにたいへんに役立ちます。ここ数年黙想指導をしていて私自身もちょっと驚いていることは、シスターがたのなかで坐禅をやるひとがかなりいるということです。チャペルの床に丸座布団を置いてずらりとシスターがたが坐禅をしているところはちょっと圧巻ですよ。ラッサールという神父さんが五日市町の山奥に建てた「神冥窟」という坐禅道場は、日本のカトリック教会では有名ですが、この間ある週刊誌の記者にその話をしたところ、なんでカトリックの人たちが坐禅なんかやるんだろう、といってさかんに首をかしげて不思議がっていました。私自身は坐禅はやりませんが、でも無念無想の黙想をカルメル会で教えられてきたせいか、私自身としてはシスターや神父が坐禅をしていても何も不思議には思いませんし、おそらくエックハルトや十字架のヨハネといった人たちの神秘主義と、どっかで共通点をもっているのだろうと思っています。

生来少しだらしのないところの多い私は、厳しい坐禅はいまのところちょっとやる気がでないのですが、私流の「日向ぼっこ流」で祈りをやっています。子供のころ、冬の寒い日などは、よく縁側にでて、庭に面している外側のガラス窓と部屋に面した障子をしめきって、日向ぼっこを楽しんだものでした。神様の光のまえで、何もしゃべらず、何も考えず、ぼんやりと座っているのが私流の祈りです。私が何を悩み、何を願い、何を思っているかは、先刻すべて神様はご承知のはずですから。

先日『愛をみつける』という本を潮文社という本屋さんから出版しました。高橋さんにもお送りしましたので、年内にはお手もとに届くことと思います。私の書いた初めての、寝っころがって読める本ですが、最後のほうに私の「祈り論」が少しのっていますのでお読みいただければ幸いです。

御身御大切に。晩秋のパリを満喫してください。

第三回

「無念無想」と「沈黙」の違い

十一月二日　パリ（一九八一年）

高橋たか子

神父さん、どうもありがとうございます。この調子で往復書簡を続けていくと、ほんとうの意味の対話ができそうで大変うれしく思っています。双方がそうだそうだと同じことを言っていては対話にはなりませんものね。それぞれ違ったところに立って違ったことを言いながら、神という一点に統合されていくという方向にふくらんでいってほしいものです。

一つだけ、早目にはっきりさせておきたいことがあります。それは神父さんは聖界の人であり、私は俗間の人だということです。日向ぼっこするように神の光のなかに座っているのが自分流の祈りだとおっしゃっていますが、それは神父さんがもうそこまでいった方だからです。私はそこへいくために、言葉やら何やらと手がかりをつかんで、まだ苦労している人間なのです。私と同じように大抵の人々は、そこのところで苦労しているのだと思います。私に対等に話してくださるのは、とてもありがたいのですが、このことをくれぐれもお忘れなきようおねがいします。

この前の手紙でイエルサレム会についてざっとお話ししました。そして東方的な要素のことを主に言いましたが、西方の霊的な流れがいろいろ流れこんでいるのはいうまでもありません。たとえば、カルメル会のアヴィラの聖テレジアの霊性、アッシジの聖フランシスコの霊性、シャルル・ド・フコーの霊性などなど。

そんなわけで私は、いまアヴィラの聖テレジアの『完徳の道』を読んでいます。一日一章ずつと思ってはじめたのが、いつのまにかもうほとんど終わりに近づきました。キリスト教の書物を読んでいると、退屈を知らず、没入してしまいます。これを読んでいた一か月間とても幸せでした。

神父さんが昔いらしたカルメル会の、合計二時間半の念禱ほどではありませんが、イエルサレム会では毎朝六時半から七時まで三十分の念禱があります。私は一日のうちでこの時間がいちばん好きで、これにさえ出ればもうミサに出なくてもいいほどの気分になってしまいます。『完徳の道』の主題は念禱だと言ってもいいほどですから、読んだことがどれだけやれるかがんばってしてみています。

神父さん、やはりまた言葉の問題になるのをおゆるしください。「どうしても私には、言葉というものは、何かについて考える時に出てくるものだというふうに思えてならないのです」と神父さんはおっしゃっています。それは神父さんが男性だからです。男の人たちにとって、きっと言葉はそういうものなのでしょう。けれども女性にとって、言葉は何かについて考えて発せられるものではありません。たとえば私が何かを感じるとします。すると、感じたこととの全エネルギーを充電された言葉が、直接的に私から出てきます。だから、逆に、だれかの言った一つ一つの言葉が、その背後に、その人の内部に通じる道をひらくのを、私は常に感じています。すみません、神父さん。「近代合理主義に毒されすぎてしまっている私たち」という言い方を神父さんはなさいましたが、その私たちとは男の人たちのことなのです。女性はそうではありません、言葉と生命とが直結しています。

そういった反省が、西洋でもなされているのだと思います。西洋の文明はきわめて男性的な文明でしたから、この前の手紙にも書きましたように、そうではないところに西洋は活路を見いだそうとしています。つまり、生命的なものに帰ろうとしているのです。

神父さんが西方的なキリスト教でなく、キリスト教における日本的霊性を強調されるのも、同じ視野においてですね。


ところで、アヴィラの聖テレジアの念禱にもどります。

いいえ、まだ一つ、言葉の問題があります。「みことば」が肉となったのがイエス・キリストだという聖ヨハネ伝の最初のくだりが、以前はよくわからなかったのです。けれども、一回目の手紙にくわしく書きましたように、祈りの言葉に「いのち」がいっぱい詰まっているのを実感するようになってから、そのことがふいにわかってきました。（もし間違っていたらお教えください）。まず第一に、キリストは、言葉を話す人間となって言葉をとおして父なる神を顕した存在、ということ。そして第二に、私たち人間の一人一人は復活したキリストの体なのですから、私たちがたがいに言う言葉をとおしてキリストが顕れる、ということ。この二つの局面において、肉となった「みことば」というものが在るのではないでしょうか。

このことからも、キリスト教というのがきわめて人間的な宗教だといえますね。

キリストがこの世に生きていた時、キリストの言葉をとおして父なる神への通路がひらかれたように、私たちは、キリストの残した言葉やその言葉について瞑想した人々の言葉をとおして、キリストに出会うのではないでしょうか。もちろん言葉だけがキリストに出会う場ではありません。けれどもこの局面を強調しないなら、神父さん、他の宗教になってしまいます。そうではありませんか。

だから、十字架の聖ヨハネの、神父さんの引用していられる「無、無、無、カルメル山頂は無」というのも、仏教の「無」ではなくて、キリスト教の言葉をさかのぼっていったあげくにひらかれる、広大無辺の澄明、または暗夜のことなのではないでしょうか。その澄明または暗夜には、もちろん言葉の騒音はありません。さきに私は沈黙の言葉という言い方をしましたが、聖なる言葉の一切がしんと静まりかえっています。そして神の沈黙というものが、彼方へと無限大にひろがっているといった、そんな「無」なのではないでしょうか。

私は仏教とキリスト教とを厳密に比較するだけのものを持ち合わせていませんが、坐禅の時の「無念無想」と、キリスト教の念禱の時の「沈黙」とは、外見は似ているけれども中身が違うのではないかという気がするのです。意味づけが違うのでしょうか。そこのところもお教えください。

いま、言葉をさかのぼる、という言い方を私はしました。言葉そのものが重要なのではなくて、さかのぼっていった先にあるもの、つまり広大無辺の澄明のところにいかねばならないからです。けれどもやはり、私にとって言葉が手がかりです。私がキリスト教の初心者であるせいなのか、それとも私が言葉によって全的な生命を表すことを仕事とする小説家であるせいなのか、それとも資質のせいなのか。神父さんが日本的心性の方であり、私がどちらかというと西洋的なところに立っているからなのか。どうでしょうか。

さて、アヴィラの聖テレジアにやっともどります。

念禱のいちばん奥に入って、神の観想ができるまで、いろいろ段階のあることが『完徳の道』で述べられていますね。(彼女の『霊魂の城』でもそうですが)。自分の持っているすべての感覚すべての能力を、ぐっと内に向けるのだ、と彼女の言っているくだりに、私はとても教えられました。感覚や能力によって邪魔されるのではなく、つまり、それらを外に向けて使うから邪魔されるのであり、そうではなく、神の観想のためにそれらすべてを使えばいい、ということ。それらを切り捨てるのでなく、使えばいいのですね。

もちろん私は、観想などできるどころではありません。けれどもその方へその方へと向かっていると、毎朝六時半から七時までの念禱の時間の終わりころに、ぐいっと何かのところへ入っていくのを感じます。それはちょうど私が小説を書いていて感じることとよく似ています。たとえば二時間ほど小説のために当てるとします。最初の一時間はいわば努力の連続です。しかし経験上、その努力のはてにひらけるものを知っているので、まだ熱のこもらないイメージを原稿用紙に無理して書き続けていきます。ところが、ある時点で、ぐいっと何かのところへ入っていくのを、かならず感じます。それまでそれに向けてやってきたことのすべてが、いわば煮つまってくるのです。そして、別な次元が向こうから訪れてきます。すると、ぐんぐんそこへ私は入っていきます。

念禱についても、外的世界のほうへ気が散らないように、また内的世界の群がる思いにとらわれないようにと、ずっと努力して続けていくと、かならずその方向が煮つまってきます。そして開口部がひらきます。

といった予感だけはするようになってきました。しかしこれはあくまで私の感じる感じです。神父さんの日向ぼっこするように神の光のなかに座っている祈りと、同じものであるのかどうか、私は知りません。きっと違うものでしょう。その日向ぼっこというのを、次のお手紙でもうすこし御説明いただけませんか。日向ぼっこという表現から私の思うのは、いろんなイメージの浮いたり消えたりする放心といったものです。神父さんの「日向ぼっこ」はどういう「無」なのでしょうか。

神父さんは、幼子のように純な心で神に抱きかかえられることのできたリジューの聖テレジアが、大変お好きでいらっしゃいますが、どうしても幼子のようになれない私は、アヴィラの聖テレジアのほうに身近なものを感じます。自分で苦しみ苦しんで念禱というものに入っていったように思え、繰り返し念禱の方法を言っている執拗さにもそのことがうかがわれて、心ひかれます。『完徳の道』を書いたのが私と同じくらいの年齢なので、余計心ひかれます。

それでは今日はここまでです。

いまパリの秋はマロニエの褐色が終わり、菩提樹の黄色のさかりです。それも半ば散りかけています。

一輪の花のいのちにふれて入る道

十一月九日　東京（一九八一年）

井上洋治

東京は例年になく寒さがはやくやってきて、十一月に入ったばかりというのに、もう真冬のような寒さで、どの家でもはやばやとストーブやこたつをだしている有様です。

高橋さんがアヴィラのテレジアの『完徳の道』を読んで、すっかりそこにひきこまれ、『完徳の道』を読んでいる間の一か月間はほんとうに幸せだったというお便りに接して、さすがにびっくりしました。これはどの修道会でも同じでしょうが、その会の会員にとっては、会の創立者の著作というのは絶対な意味と重みを持っています。修道会というのは、会の創立者のスピリティアリティー（このスピリティアリティーという外国語、何かいい訳語はないものでしょうかね。ふつうは霊性と訳されているようですが、この訳語では一般の日本の方たちには、何を言っているのかよくつかめないのではないでしょうか。私は一応「求道性」と訳してみたのですが、高橋さんは何とお訳しになりますか。いい訳語があったら教えてください）を生きることによってキリストの福音に生きようとする人たちが自主的に集まってきているわけですから、創立者の福音体験と求道性が言語化されている創立者の著作というものが、その会の会員にとって絶対な重みを持っていることは当然なことだといえます。もしある会員が、創立者とは違った求道性でキリストに生きたいのなら、その人は会を去るしか仕方がないでしょう。従ってその意味で、私もフランスのカルメル会に在籍中は、ずっとアヴィラのテレジアの著作には接し続けていましたし、またそうせざるをえませんでした。しかし正直に告白すれば、私はテレジアの『完徳の道』にも『霊魂の城』にも、高橋さんが感じとられているような魅力を感じとることができませんでした。どうもいま一つ、私にはしっくりこないところがありました。

高橋さんのお手紙を読んでしみじみと感じさせられたことは、十年二十年先のことはわかりませんが、少なくとも現在の時点では高橋さんが実にスムーズに西欧キリスト教のなかに入りこんでいっておられるということです。その意味で正直にいって、高橋さんには雑音にまどわされることなくまっすぐにいまの道を歩んでいっていただきたいと思います。いまの姿勢を続けておられれば必ずや何か大切なものが見えてくるようになられるものと確信します。

話をもとにもどしますと、「ことば」の問題一つにしろ、高橋さんのおっしゃっておられることはまことにオーソドックスであり、私が現在までキリスト教世界のなかで何度も問いつめられてきたことなのです。にもかかわらず、それについて私が何やかやと考えざるをえないのは、結局は頭ではわかっていても、身体全体でそれをそうだと受けとめることを、私の血のなかに流れている何かが妨げているからだと思います。そしてそれはつきつめてみると、私の自然というものへの親近感と連帯感ではないかと思えるのです。

高橋さんの、坐禅の時の「無念無想」とキリスト教の念禱の時の「沈黙」とは中身が違うのではないか、というご質問を契機として、少し私なりの考えを展開させていってみたいと思います。これは大変に大きな、また重大な問題であると思いますし、あるいは数年もしたらまた考えが変わってくるかもしれませんが、いまはできるだけ考えを整理しながら書いていってみたいと思います。

『マルコ福音書』の六章に、夜明けごろガリラヤ湖上で弟子たちが、水の上を歩いてきたイエスに出会い、初めは幽霊だと思って叫び声をあげたが、イエスが〝私だ、私だ〟と言ったので師であるとわかり、ほっとして喜んだという記事がのっていますね。このイエスの「湖上歩行の奇跡物語」によって、マルコが何を言おうとしていたのかは、いま当面の問題ではないので横においておくとして、いまこの物語を材料にして私の考えを述べてみたいと思います。

いまかりに、弟子たちは湖上のイエスと出会った時、まず〝あ、何かいる〟と思ったとしましょう。次に〝幽霊だ〟という判断をくだし、そのあと、〝いや、だれか人じゃあないか〟と思い、最後にイエスの語りかけによって、それが師イエスだとわかったのだとしてみましょう。

弟子たちが湖上で出会ったのは、イエス自身であって、客観的にみれば、これは初めから終わりまで変わってはいません。変わったのは、弟子たちのイエスについての判断であったといえます。従ってそのかぎりでは、出会いの体験それ自身には誤りも不完全さもないのであって、不完全さや誤りがでてくるのは、体験の次元ではなくて、その体験が言語化された判断の次元である、といえると思います。そしてその判断も、〃あ、何かいる〃という次元では、非常に曖昧な判断ではあったとしても、この判断は誤りだとはいえません。次に弟子たちがイエスを〃幽霊だ〃と判断した時、確かに弟子たちの判断は誤りであったといえます。しかし〃だれかいる〃という判断は、再び不完全ではあっても正しい判断であったといえましょう。ただ、イエスだという完全な正しい判断は、イエスのほうから語りかけられなければ、ついに弟子たちの力だけではえられませんでした。

たとえとして使う話が複雑になっていくと、かえってわかりにくくなるのはわかるのですが、しかし大事なところだと思いますので、もう少しきいてください。もし弟子たちがイエスを幽霊と間違えた時点で、そのままイエスが通りすぎていってしまったとすれば、弟子たちは実際にはイエスと出会っていたにもかかわらず、幽霊と出会ったと思って人々にそう語ったことでしょう。ただし、もし別の人たちが別の日に幽霊に出会った体験を持ったとしても、その人たちが弟子たちと同じようにイエスに出会ったのかどうかはわかりません。その人たちはイエスを幽霊と間違えたのではなく、木の枝を幽霊と間違えたのかもしれないからです。そしてその真偽のほどは決して私たちにはわからないでしょう。なぜこんなことをくどくどと私が言っているかといえば、私たちキリスト教徒の視点に立てば、ちょうど同じようなことが他の宗教についていて、さらには芭蕉や西行などにもいえると思うからです。

イエスからの語りかけがなければ、弟子たちはイエスをイエスとして認めえなかったように、神の側からの語りかけ――キリスト教でいう啓示ですね――がなければ、私たちは人間の理性だけでは、神を愛としてとらえることもできなければ、イエスを神の愛にみたされた神の子としてとらえることもできないでしょう。しかし、弟子たちがイエスをイエスとしてとらえられなくても、〝だれかがいる〟というふうに判断した時点においては、イエスもまた人間であるかぎり、彼らの判断は不完全ではあっても間違っているとはいえません。それと同じように、もし神の愛と働きに実際にふれたとしても、それを神の愛としてとらえることができるのはただ啓示によるのであって、人間の力だけでは、それを「天然の風」とか「無」（対象化しえず、言語化しえないという意味で）とか「造化」としてしかとらえられないということなのではないでしょうか。そしてそれは、不完全ではあっても間違っているとはいえないのではないでしょうか。それを「神々」としてとらえれば、この判断は間違っているといえると思いますが……。さらに、同じく〝幽霊に出会った〟といっている弟子たちの間でも、イエスに出会った人とそうでない人とがいるわけで、間違った判断をくだしているからといって、必ずしも体験そのものが正しい出会いの体験ではないとはいえないと思うのです。ただ、私たちは二つのことに同時にエンゲージメントすることはできませんから、たとえば二つの宗教を本来の意味で同時に生きることはできませんから、体験内容を比較することは不可能です。従って、キリスト教の念禱の体験内容（言語化表現ではありませんよ）と禅の体験内容とを比べるなどということは、二つの宗教に同時にエンゲージメントしていないかぎり不可能なことだと思います。

私は芭蕉についても専門家でも何でもありませんし、むやみに芭蕉が好きだというだけですが、それでもあえて言わしてもらえば、「山路来て何やらゆかし菫草」という句を芭蕉がものした時、彼はこの春風にゆれる一輪の花のいのちにふれたのだという気がするのです。私たちの信仰の地点にたてば、一輪の花のいのちにふれた時、その人は意識すると否とにかかわらず、客観的には、その花のいのちを時々刻々支えている神の愛の働きにふれたのだといえると思うのです。少なくともその可能性は非常に高い、私はそう思いたいのです。

ここまできて、やっといちばん私の言いたいところに到達しました。高橋さんは、言語をさかのぼっていって広大無辺な澄明なところに出ると言われました。全くそれはそのとおりだと思うのですが、ただ道はそれだけではないように思えるのです。自然（たとえば一輪の花）のいのちを言葉を地図として使いながらさかのぼっていってもいいのではないか、と私は言いたいのです。確かに、地図としての言葉がなければ、高橋さんがおっしゃるように、キリスト教も他の宗教も全く同じものになってしまうでしょう。しかし一輪の花の生命にふれ、そこから言葉を地図としてさらに深くさかのぼり、言葉も消えてしまったところに高橋さんのいう澄明なものがひらけてくる、そういった歩み方でもいいのではないか。それが私の血のなかを流れているものの叫びのように思われます。

何だかゴチャゴチャしてしまったようですが、書き直す時間もないのでこのまま出します。どうぞお元気で。

第四回

あまりにどぎつく、赤裸々な人間の中で

十二月三日　パリ（一九八一年）

高橋たか子

先のお手紙でスピリティアリティーをどう日本語に訳すかとの御質問がありましたが、霊的姿勢などはいかがでしょうか。神父さんのそれと私のそれとの違いが、三回分の往復書簡ではっきりしてきました。それはいいことだと私は思います。なぜなら、厳密にいって、人間一人一人、スピリティアリティーが違うのだ、と私は考えているからです。人が自分なりに真剣に神を探せば探すほど、他人の探し方とはかならず違ったものになってきます。そし

て、そういう違いがありながら、それでもなおかつ到達点は同じだというところが、この道の外では見られない、うれしいことですね。到達点も同じですが、日々、瞬間瞬間、神において在るという点で、同じなわけです。

しかも、こうして違った立場をそれぞれ主張しながら、それが喧嘩にはなりません。日本人同士というのは普通こんなふうにはいきません。じつは私がヨーロッパが好きなのも、こういう点にもあるのです。ヨーロッパでは、たとえばこんなふうに、一人一人が自分を主張することができます。自分と他人とが違うのだということをだれでも知っています。だから、自分を主張しても、そのことでたがいに傷ついたりしません。日本ではまったくそうではなくて、少しでも違いが表面化すれば、あいまいな笑いでごまかしてしまいます。私はそういうのが長年にわたってとてもいやでした。

いわば、ヨーロッパふうにこの対話を続けていけるのが、私にはとてもうれしいのです。

さて、本題に入りまして、マルコ伝第六章をめぐって神父さんの提出なさった問題について、私の考えたことをこれから申しあげます。

ガリラヤ湖上で、水上を歩いてきたイエスにたいして、弟子たちがまず最初に「あ、何かいる」と思ったこと。それは、私流の表現でいえば、目に見える世界に、目に見えない世界が介入してきた瞬間だといえます。もちろん、目に見える世界に、目に見えない世界は常に介入しているのですから、そのことを弟子たちが感じた瞬間、といいかえてもいいのです。だから、「あ、何かいる」と思い、そして「幽霊だ」と思ってしまうのです。幽霊というのは、目に見えない世界からくる者として、いちばんわかりやすい存在だからです。この意味で、幽霊だという判断はきわめて重要だと私は思います。たしかに誤りではありますが、とにかく、目に見えない世界（超自然界）が感じられたのですから。

あらゆる宗教はここにおいて共通しています。人が、宗教をもっているかどうかは、この超自然界を感知しうるかどうかによって決まります。けれども、この感知だけの段階では、厳密にいって、まだその人は宗教をもっているとはいえないのかもしれません。宗教的に傾いているという段階なのかもしれません。

ところが、この段階で、「あ、何かいる」とか「幽霊だ」とか感知した人にたいして、「それは私だ」というイエスからの語りかけがあり、それを聴いてそれを信じた時、その人はキリスト教徒なのだ――そういうことだと私は考えます。

その前段階で、だから、幽霊ではなくて「だれかいる」と感じたことは、いわばそれがイエスだという認知に、その人が無意識のうちに入っていることだ、といえましょう。そういう認知に、イエスのほうから仕向けてくださっているのはいうまでもありません。しかも、この「だれかいる」という判断（神父さんの解説のなかでの表現です）は、ですから、きわめてキリスト教的であるといえましょう。なぜなら、イエスは、たとえば仏教における仏とは違って、神である人間なのですから。「だれかいる」という判断は、人間を感じたことに他なりません。

しかし同時に、その人間が、最初に幽霊と間違えたほど、目に見える世界の人間とは違っている。ここのところで、目に見えるものと目に見えないものとの霊妙な共存が、この話のなかにありますね。

私たちキリスト教徒とは、目に見えない世界から「私だ、私だ」と言っているのが、イエス・キリストなのだという確信を常にもっている人々のことだ、といえるのではないでしょうか。

それが仏だと思う人にたいしては私はそうではないとは言いませんが、その人にとってはそうなのですから、それを私がとやかく言う権利はありません。ここで、一つの宗教と他の宗教とが分かれます。神父さんがこの話によって言いたかったのは、こういうことではないのですか。

それが仏だと思う人には、きっと仏からの語りかけがあるのだと思います。それがイエス・キリストだと思う人に、イエス・キリストからの語りかけがあるように。きっと、そういうことでしょう。超自然界を感知した人が、そのことのなかに、どちらからの語りかけを聞いてしまうかということは、考えてみれば不思議なことですね。

仏教国に生まれて育った、たとえば私が、イエス・キリストの語りかけを聞いてしまったこと自体、神の神秘のなかの出来事です。そういうプロヴィダンスのなかに、私は置かれていたのです。いまではそう確信しています。

神父さんにおいては、そうおっしゃってるように、一輪の野の花のいのちに触れることで、その小さないのちを支えている神の広大ないのちにさかのぼっていくという姿勢が、御自身の血のなかを流れている何かに適したものなのでしょう。けれども私は、自然は自然で好きですが、やはり人間が好きです。常々私は、いろんな機会に人間ぎらいを表明してきましたけれども、元来は人間好きだったのだと思います。時々刻々あまりにもいやなものばかり見てしまうので、人間ぎらいな部分が私のなかで肥大してしまいました。けれども、ほんとうは、自然にむかってよりも人間にむかって立っているのが、私という者です。

だから、人間くさい西洋キリスト教が好きです。

神父さんは第一回の手紙で、自分にとってヨーロッパは「なにかあまりにもどぎつく、人々の顔がのぞきすぎているように思えるのです。祈り、願い、苦悩、怒り、それらが余りにも赤裸々な姿を見せすぎているのです」とおっしゃいました。私は、むしろその点においてこそ、ヨーロッパが好きだと思うのです。なぜなら、私があまりにもどぎつく赤裸々な人間ですから。小説のなかでは自分を十全に表現してきましたが、日本の日常生活ではいつも自分にブレーキをかけて生きてきました。でもヨーロッパではみんな私のような人々です。だから、ほっとします。どぎついけれどもブレーキがかかっている人々です。

神父さんの次のお手紙では、マルコ伝第六章についての話をさらに続けていってください。私はちょっと別な話題を最後にしるします。


人のよろこびを自分のよろこびとし、人のくるしみを自分のくるしみとするように、とは、キリスト教徒でなくてもだれでも知っているキリスト教の教えですね。このことに関して、私は、子供のころから現在にいたるまで、いろんな人々との間で微妙なことにかかわってき、その微妙さに、くもの巣のようにまといつかれてきました。この問題について神父さんの御意見をぜひともお聞きしたいのです。

たとえば人が私にたいして自分のよろこびを表明するとします。そのよろこびを私が共によろこんでいると、いつのまにか別の領域に入ってしまっているのに気づきます。はっきりそうと指示できないほどの、いわくいいがたい移行が、その人のよろこびそのもののなかで行われていくからです。つまり、純粋なよろこびだと思って、私がそれを共によろこんでいると、いつのまにか、それがその人の力の誇示になっているのです。

たとえばまた、人が私にたいして自分のくるしみを表明するとします。そのくるしみを私が共にくるしんでいると、よろこびの場合とまったく同じことが起こってきます。その人のくるしみがその人の力の誇示としてくるしまれている領域が、だんだんあらわになってくるからです。

力の誇示は、自己陶酔という形であらわれることもあります。

先に言いましたように、私は長年にわたって、さまざまな人々との間で、この微妙さにかかわってきました。はじめから、はっきりと力の誇示とか自己陶酔なら、それにたいして私ははっきりした態度をとることも可能です。けれども、相手のなかでいわくいいがたい移行が行われていくのです。けれども、それをそうだと私が言いきったら、相手は怒ってしまうことでしょう。なぜなら、よろこびの場合もくるしみの場合も、それはそれとして在るからです。けれどもそれに、いやなものが混じりこんでいて、それが私に不快にはたらきかけます。こういう微妙さに関して、いったいどうすればいいのでしょうか。私が人間ぎらいになったのは、このことのせいだと言ってもいいくらいです。

私は、子供の一人ある主婦で、その人のよろこびやくるしみにどんなに私が同調していっても、いつまでもそれが純粋なままである人を知っています。また、ある老人で、その人のよろこびやくるしみは、純粋によろこびやくるしみなので、いつもいつも安心してその人の言うことに耳を傾けて、それを共にしていられる人も知っています。でも、こういう人々は、ごく少ないですね。

それでは、今日はここまでです。

待降節に入って、日々、修道会の典礼の内容がクリスマスへむけてどんどん傾斜していくこの急斜面の感じを、いきいきと味わっているところです。

十二月十四日　東京（一九八一年）

キリスト教の戦闘的姿勢になじめなかった自分

井上洋治

先日、若い御婦人がたの黙想会の指導をたのまれて、高橋さんもご存じの、鎌倉の「黙想の家」に一泊しました。一人で午後「黙想の家」の裏手にあたる田舎道を山のほうにのぼっていったのですが、その時、突然にぱっと道がひらけたところに、いつかどこかで見たような、魂の故郷とでも表現したいような景色に出会っていたく感動しました。

枯れ枝にまだいくつか赤い実を残している柿の木が一本、雲間をもれる午後の日ざしを受けて、わらぶき屋根の農家の横にそっとたたずんでおり、どこかで落ち葉をたいているのか、うす紫の煙が二すじ、三すじ、かすかに焚火の匂いをのせて、ただよっていたのです。私の母の実家がそういう田舎にあったせいか、それともっと深いところに何か原因があるのか、とにかくこのような片田舎の晩秋の風景に、私は魂の故郷にでも接したような限りない親しみと感動を覚えるのです。

ここらがおそらく高橋さんと大変違うところなのでしょうが、二人の違いをはっきりと認めながら、しかも対話できるということが、私も高橋さん同様に、大変いいことだと思いますし、また極めて大切なことだと思っているのです。

この人と人とのかかわりあいの問題については、また後で触れることにして、高橋さんがこの前の手紙で言っておられた、マルコ福音書六章に関してのお考えは、私もまったくそのとおりだと思いますし、またそのようなつもりで私自身も申しあげたつもりです。ただ私としては、「私たちキリスト教徒とは、目に見えない世界から〝私だ、私だ〟といっているのが、イエス・キリストなのだという確信を常に常にもっている人々のことだ」という高橋さんの御意見には百パーセント賛成なのですが、「それが仏だと思う人には、きっと仏からの語りかけがあるのだと思います。それがイエス・キリストだと思う人に、イエス・キリストからの語りかけがあるように」という表現はちょっと誤解を招きやすいように思えるのですが……。

それを仏だと信じている人には、もちろんそれなりの信仰の世界があると思うのですが、しかし私たちキリスト教徒にとっては、あくまでもそれはキリストからの語りかけなのであって、仏からの語りかけだと思っている人も、じつはキリストからの語りかけを仏を通して聞いているのだ、ということがなければならないと思います。エンゲージして生きるということは、そういうことではないでしょうか。

いま高橋さんとこうやってやりとりしている問題は極めて重大だと思いますし、伝統的なキリスト教信仰保持のキリスト者にとっては、大きな抵抗感と誤解を招くおそれがあると思いますので、少し私がなぜそのように考えるようになったかという動機について少ししゃべらせてください。

これは私がフランスにいた時、非常に強く感じたことの一つなのですが、ギリシア以来知性ということを重んじてきたヨーロッパの伝統は、どうしても明晰、判明なものを好み、ものごとを真理と誤謬に両断してしまう傾向をもっていると思います。科学や学問の世界などというのは、一番これがはっきりしている世界だと思います。たとえば、一たす一は二である、という判断は真理であり、それ以外の判断は一切誤謬となります。真理と誤謬というのは、論理学の言葉でいえば矛盾概念というのでしょうか、とにかく中間というものをゆるさないものであると思います。真理であるか、誤謬であるかのどちらかです。それにたいして、「大きい」「小さい」とか、「深い」「浅い」とかは反対概念であって、大きくも小さくもないとか、深くも浅くもない、とかいう中間状態をゆるします。

なぜこのようなことを、くどくどと私がいっているのかとお思いになるかもしれませんが、またそう思われるのも最近信者になられた高橋さんにとってはもっともなことでしょうが、しかしまあ、少し我慢して聞いてください。

私がこういうことをくどくどとしゃべったり考えたりしているのは、私が、ついこの間までキリスト教がとってきた戦闘的姿勢というものにどうもなじめなかったからなのです。すなわち簡単にいえば、「キリスト教が真理なら、他の宗教はみな間違いである。従って誤謬は何としても矯正されるか撤去されなければならない」という種類の発想と行動になじめなかったのです。ここでは、キリスト教と他宗教とが矛盾概念としてとらえられているために、中間状態、すなわち同じものにたいしての深い理解と浅い理解というような視点がどうしてもでてこないのです。ヨーロッパ中世の異端征伐とか宗教戦争とかいう姿勢は、みなこの視点の欠如からうまれてきたのではないでしょうか。

「正統キリスト教は真理である。従ってそれは神からきたものである。異端は誤謬である。従ってそれは神に敵対する悪魔からくるものである。悪や悪魔はどのような手段を使ってでもこれを壊滅させなければならない」というような真理と正義への情熱によって、中世の人々は異端者を焼き殺したりしたのではないでしょうか。人間の弱さによってではなく、正義への確信によってこのような行為がなされてきたということに、私はある種の戦慄を覚えるのです。カトリックとプロテスタントとの間に繰りひろげられてきた長い闘争も、みんなおたがいに、自分たちこそが真理の旗手であり、誤謬を打ちくだくことこそが自分たちの使命であると思ってきたからではなかったのでしょうか。みんな天の前に膝をかがめるべきものであって、人は決して天に代わって不義や誤謬を打ちのめすなどという思いあがったことはできはしないのだ、ということを忘れてしまったからではないでしょうか。そしてこのことは、宗教間にだけではなく、イデオロギーの対立にもいえることだと思います。不義や不正や悪は、どのような手段を使ってでも滅ぼしてよいのだし、また滅ぼすべきだ、というような発想が対立するイデオロギーの陣営に、正義の旗印をもって登場してきた時、それはまことに恐ろしいことだといわざるをえないのではないでしょうか。

何だか話が少し大げさになってしまったみたいですが、要するに私は、たとえ親類の人の葬儀でも、仏教の葬儀は邪神崇拝につながるから出席し焼香してはならないとか、皆は頭を下げていても、神社には頭を下げてはならないとか、朝仏壇にご飯をあげるなどということは、たとえ嫁ぎ先が仏教信者の家庭であってもカトリック信者の嫁たる者は決してしてはならないとか、そういったかつてのキリスト教の戦闘的姿勢に、宗教戦争や異端征伐の姿勢につながるものを感じとってしまい、どうもある種の反発を禁じえなかったというところなのです。

アブラハムやモーゼがイエス・キリストへの道を準備したように、プラトンやアレキサンダー大王も、共にイエス・キリストへの道を準備したのである、というふうなことをたしかパスカルが「パンセ」のなかでいっていたように思うのですが、このパスカルの言葉とか、また「〈御言〉に従って生きた人たちは、たとえ無神論者として生涯を送ったとしても、ギリシアのソクラテスやヘラクレイトスやそのほかこれに類する人々のように、実はキリスト教徒なのである」という二世紀の教父ユステヌスの考え方などには、私たち日本のキリスト者が、日本の文化に接していくうえに参考にすべき貴重な姿勢が示唆されていると思います。

さて話は変わりますが、人間ぎらいを標榜していた高橋さんが、じつは人間好きで、人間好きであるはずの私が（司祭という仕事は、人間にたいする情熱がないとできないと普通いわれていますから）じつはそうではないという結論は、何といってもまったく愉快ですね。遠藤さんや矢代さんが聞いたらびっくり仰天、ふきだしてしまうのではないでしょうか。しかし高橋さんがこの前の手紙の最後のところで、私の意見を聞いておられる箇所を読んでいると、やはり高橋さんは、少なくとも私なんかよりはずっと人間に多くの期待をもっておられるのだな、ということを感じます。期待をもっておられたからこそ、裏切られることが多く、それが人間ぎらいを肥大化させていったのだと思います。

漱石の「こころ」に影響されたというよりは、様々な出来事に出会っているうちに、漱石の「こころ」が深く突きささってきたというほうが正しいのでしょうが、私などは、純粋なよろこびやくるしみをいつのまにか他人への力の誇示としてしまうものが人間というものなのだ、人間というものの背負っている業とか原罪とかいわれるものなのだと思っているのです。だれも見ていない時、道に落ちている三万円を見たら、ふっと自分のものにしたいと思うのが人間であり、女風呂の塀に穴があいていたら、ふっと覗いてみたいと思うのが、私をもふくめて世の男性というものだと思っているので、期待度がうすいだけ、それだけ裏切られることも私は少ないのではないかと思います。

そういう意味では、私は人間というものを、その行為に関してはおよそ信じていないのかもしれません。ただ三万円をそっとふところにしのびこませた自分を醜いと思い、もっと美しくありたいと願うのもまた同じ人間であり、そこにこそ人間の美しさというものがあるのだと思っている点で、私は大きな信頼を人間というものに置いているのもまたほんとうだと思います。もっとも問題はそんな難しいことではなくて、ただ私が高橋さんよりもずっと鈍感に生まれついているというだけのことかもしれませんが……。

どうぞ風邪をひかないように十分に気をつけてください。外国住まいで、一人風邪で寝こんでいるのはまったくわびしいものですからね。

第五回

M・マグダレナとサマリアの女とイブにみる女の原型

一月二日　パリ（一九八二年）

高橋たか子

この前の手紙で私のお尋ねしたことに、神父さんは全然答えてくださっていません。私は、たとえばある人のよろこびだと思って無心に聴いていると、いつのまにか変質して違うものになっているので、無心に聴いている私をそれが汚染し、しかし、いやだなあと思って拒もうとすると、また元のよろこびにもどっているといった、つかんでもつかんでもぬるりと逃げるような、人間のなかで出会うくらげのようなもののことを言ったのです。

そういう微妙なものを私が強調していますのに、神父さんは、原罪のあり方として、道に落ちている三万円を拾いたいと思うとか、女風呂をのぞきたいと思うとか、といった例をおあげになりました。もちろん、前者を物欲の例、後者を肉欲の例として、おあげになったのだということはわかりますが、私は何々欲とはっきり言えないようなもののことを言っているのです。

三万円ぐらい拾うのが何でしょう。女風呂をのぞきたければのぞけばいいのです。ただ、三万円でどうということはありませんから、三千万円拾うとします。また、女風呂をのぞくぐらい何ということもありませんから、女風呂のなかへ入っていくとします。（いうまでもなく、みな比喩的に言っているのです）。そして、そういうことへ踏みこんだ人は、きっと急斜面をすべり落ちていくでしょう。その人は、もしかしたらそんな急斜面の苦悩のなかで神に出会うでしょう。ですから、私はこういう物欲や肉欲で滅びへむけて落ちていく人については、否定的ではありません。

私の言う微妙なものとは、もやもやした雲のようなものであり、その人自身が自分のそれに気づいてない場合のことです。気づいているにしてもうすうす気づいている場合のことです。これにくらべれば、物欲や肉欲ははっきりしているので、当人にとっても他人にとっても気づきやすい。しかし物欲にしても肉欲にしても、別なものに転化されてあらわれる場合は、気づきにくく微妙であることもあります。

これでわかっていただけたでしょうか。あえて言うならば、アヴィラのテレジアの言う〈霊魂の城〉のなかで出会うようなたぐいのもの、ということです。遠藤周作さんは悪魔は埃のように働くとおっしゃっていますが、その埃のようなもののことを私は言っているのです。

私のあげた例が、まさに埃です。ある人のよろこびやくるしみを私がともによろこんだりくるしんだりしていると、それがその人の力の誇示とか自己陶酔に変質していき、にもかかわらず、よろこびとかくるしみ自体はそれはそれとしてある、といった場合の、何とめんどうで処理しがたいことでしょう。相手のなかにある埃とかかわっていると、こちらのなかにまで埃が生じてきます。

大切なことは、そのことを原罪という言葉で説明することではなくて、一人一人の人間に、自分のなかのそういうものに目覚めていただくことではないでしょうか。もちろん、目覚めたからといって、人間がそういう存在だということは変わりません。けれども、そのことを知っているのといないのとは大変な違いだと思います。残念ながら、知っている人はじつにすくないですね。

そこのところがわかっていないと、祈るということの意味もはっきりしないままになるのではないでしょうか。祈りとは、神父さんとの何回もにわたるやりとりで言い合ったように、結局のところ、神のいのちに参入することですが、もう一つ別な局面があります。それは、いま言ったようなものを自分のなかで散らしてしまうことです。これができていなければ、参入することもできません。参入していても、同時にこれをたえまなくやっていなければなりません。「見張って祈る」という言葉を、こちらの修道会で始終耳にしますが、自分のなかに発生する黒雲（神父さんのおあげになった例は黒雲です）だけでなく、ほんのわずか灰色がかっているだけなので気づかないほどのもやもやした雲をも、見張っていなければなりません。そして、それを散らさなければなりません。現に、祈りのなかでそれは散るのです。

右に述べたことについて、神父さんの御意見をお聞かせください。私は別な話題に入ります。それは、マリア・マグダレナとサマリアの女とイブをめぐる問題です。

四福音書にあいまいに出てくる、香油の壺をもってイエスに近づいてくる女の存在がありますね。マルコ伝（十四・三〜）では、ベタニアのライ患者シモンの家にイエスがいる時、そこへ入ってくる女。マタイ伝（二十六・六〜）でも、これと同じ。しかしルカ伝（七・三十六〜）では、パリサイ派の別なシモンの家にイエスがいる時、同じようにして入ってくる女なのですが、ここでははっきり罪の女と記述されています。罪の女だけれど涙をながしているのですから悔悛の女でもあります。そして、イエスの足もとに座り、自分の涙でイエスの足を洗って自分の髪でふき、香油をふりかけます。ところが、いまあげた三つが無名の女として出てくるのにたいして、ヨハネ伝（十二・一〜）では、香油をイエスの足に塗って自分の髪でそれをふくという同じしぐさをする女が、マリアという名で出てきます。これはベタニアのラザロの家での出来事ですから、マルタの姉妹のマリアらしいのですが、しかしルカ伝の罪の女と同じしぐさをしていますから、やはり罪の女のようでもあります。そしてこの女は、七つのデモンから解き放たれたマリア・マグダレナかもしれません。（解き放たれたのですから、罪の女であったが悔悛の女となった女）。同じマリアという名です。ということは、ルカ伝（十・三十九）の、いそがしく立ち働いているマルタにたいしてイエスの足もとにじっと座ってみ言葉を聴いている、マルタの姉妹のマリアというのは、もしかしたら罪の女なのかもしれません。ざっとこんなふうに、ある女がすこしずつ違うヴァリエーションのもとにあらわれていて、それは罪の女であり（どういう罪とは記述されていないけれども姦淫の罪であることは行間から察せられます）、それはマリアという名をもった罪の女であり、だからマリア・マグダレナとつながってくるという連鎖のうちに、じつに非論理的ではありますが非論理的故にこそ、茫漠と、一つの原型的女がうかびあがってくるのです。

姦淫の現場を見つけられてイエスのところへ引きたてられてくる女も、そうした視点に立てば同じ女ですし、また、夫ではない五人の男を知っているサマリアの女も、同じ女です。

私の目には、聖書の記述があいまいなだけにいっそう、そうした女はすべて同じ女か、もしくは同じ原型的女から出てくる女だとみえます。存在論的にそう言えます。逆に、同じ原型的女だからこそ、こんなにあいまいに、あちこちに出没するのかもしれません。

私ははじめて聖書というものを読んだころ、どれがマリア・マグダレナで、どれが別なマリアという女なのかとか、香油の壺をもって入ってくる女とどうつながるのかとか、考えてみたものでしたが、自分で小説をたくさん書くようになってからいつのまにか右に言ったような考え方が出てくるようになりました。なぜなら、私の小説の女主人公たちは、私のなかに眠っている原型的女があんなふうにいろいろ出没しているというわけですから。作者が一人であろうと、数人であろうと、この点に関しては存在論的に同じことです。

次に、この罪の女の、罪について考えてみたいと思います。

マリア・マグダレナにおいては七つのデモンとして出てき、サマリアの女においては五人の男との関係として出てきますね。この数の多さが欲望の多さを意味するのだ、と最近気がつき、そのことでふいにあることがわかってきました。

堕落した人ほど、それが逆転すれば聖者になるという考え方がありますね。以前私は、マリア・マグダレナやサマリアの女の回心をそういう局面でとらえていたのです。これはこれで正しい考え方だと現在でも思いますが、もう一つ別な局面がここにはあることに気づいたのです。

はてしない欲望をもった彼女たちは、それがほんとうは神への欲望なのに、そうとは知らず、男から男へとわたり歩いて満たそうとしていたのです。けれども、男では満たされませんから、はてしない渇きとなり、ますます満たそうとして男のなかに探します。そして、イエスに出会ってはじめて、自分がほんとうは何に渇いていたかに気づいたということだと思います。

神父さんは、欲望の多かろうとすくなかろうと渇きの多かろうとすくなかろうと、人間の神との関係は同じことだ、とつねづね私におっしゃっています。そのことはほんとうにそうであり、そう教えられてよくわかるようになった私ではありますが、私はやはりマリア・マグダレナやサマリアの女の回心の意味するところが大好きです。そして私と同意見であるらしいモーリアックの言葉に『イエスの生涯』のなかで出会ったものですから、左に訳出してみます。

「(マリア・マグダレナは) 絶対的な意味で自分の肉体に夢中になった人々、この世での存在理由が肉体のなかに絶対を探すことでしかなくなっている人々の種族である」

「彼女の天職は、感覚世界をとおしたこの無限への追求、この絶対への探求に踏みこんだ人間が発明したところの、何にたいしても、ノンと言わないことであった。そして、思いもかけぬ宙返りが起こった!! 彼女はこれまでのように自分の天職に忠実である。つまり、これからも何にたいしてもノンと言わないだろう。ただし、今後は男にではなく、神に、なのである。彼女は飽くことのない同じ探索を続けていくだろう」

「以前と同じくどんな行き過ぎにも彼女は身を投げる。しかし今後は、どんな行き過ぎも許されるものとなる。自分の自分による追い越しはもはや尺度を越えるものとなり、天なる父の純潔と完全のほかに純潔と完全のどんな限度もないのだという見通しの前に、彼女は立つ」

モーリアックは自分とマリア・マグダレナとを同一化しているようですから、男の方が自分のこととしてこれを考えてくださってもいいわけです。
長くなったのでこれまでにしますが、この問題の続きは次の手紙に書きます。

自分を神のいのちの前に投げだす

井上洋治

一月十四日　東京（一九八二年）

このまえは、とんちんかんな返事をしてしまってごめんなさい。じつは高橋さんが何をおっしゃりたいのかがよくわからなかったのですが、今回のお手紙の「祈り」に関してのお考えを読んで、よくわかりましたし、またほっともいたしました。自分のなかにある埃に気づくことがいかに大切なことであるか、そしてそれに気づくことが「祈り」というものへの道を開くものだということがおっしゃりたいのですね。「祈り」の姿勢に関しては、私は少し別な考えをもっていますが、自分のなかの埃に気づくことの大切さというものは、全く高橋さんのおっしゃるとおりだと思います。私は黒雲であろうと、うすい灰色の雲であろうと、とにかく光を妨げているという点では同じだといいたかったわけですが、気づくという視点に立ってみれば、うすい雲のほうが気づきにくいという意味で、たしかに大きな違いがあると思います。

「マタイ福音書」の四章には、イエスが荒野で四十日間の断食をしているさいに、悪魔の誘惑をうける有名な場面がでてきますね。はじめに悪魔は、空腹を覚えているイエスに向かって、〝あんたは何でもできるそうだから、そのへんにごろごろしている石をパンにかえて食べたらどうなんだ〟とイエスを誘惑します。これにたいしてイエスが、よく知られている「人はパンのみにて生くるものにあらず」という言葉を悪魔にたいして返すわけですが、この種の誘惑は、物欲、肉欲の誘惑であるといえましょう。そしておっしゃるとおり、この種の誘惑のほうが、誘惑として気づきやすいことはたしかだと思います。「マタイ福音書」と「ルカ福音書」では、三つの悪魔の誘惑の二番目と三番目の順序が逆になっていますが、いま気がつくという視点に立てば「ルカ福音書」のほうの順序になるだろうと思います。

二番目に悪魔は、イエスを高い山に連れていって〝もしあんたがおれの部下になるなら、この見えるかぎりの土地を全部おまえにやってもいい〟と言います。これにたいしてもイエスは、〝仕えるのは主なる神にだけだ〟と言って悪魔の誘惑を退けます。これは単に権力欲といったものだけではなく、他人を支配したい、見下げたいといったようなひそかなサディスティックな快楽や欲望とも関係していると思えますから、前の手紙で私があげたたとえが第一の誘惑に関するものであるとしたら、高橋さんがおっしゃっておられたたとえは、第二のこの誘惑にぞくするものだと言えると思います。第三の誘惑は、私の考えでは、いちばん気づきにくい、そしてもっとも重大なものだと思うのですが、これはいまの問題からは少しはずれていると思いますので、話を第二の誘惑にもどさせてもらいたいと思います。

気づいたからといって変わるわけではないけれども、にもかかわらず、やはりそれに気づき、人間とはそういう存在なのだということを知っていることが大切だ、という高橋さんの意見に私も全く賛成だということをふまえたそのうえで、いま自分のくるしみとかよろこびとかを話している人をBとし、その話を聞いている人をAとして、高橋さんのたとえに関しての、また祈りに関しての、私の考えを少し話させてもらいたいと思います。

人間にはだれにも、自己防衛の本能やプライドがあり、そして多少なりともサディスティックな面があると思います。そしてそれらは当然Bももっているはずです。くるしみやよろこびを人に話すという心理には、Bが意識すると否とにかかわらず、何かしら自分の気持ちをわかってもらいたいという気持ち、独りぼっちから逃げだしたい、人に自分の気持ちを共有してもらいたいという甘えの欲求があるのだと思います。しかしいまくるしみということに話を限ってみれば、くるしみを共有してもらいたいと思っているBと、それを聞いているAでは、あきらかにAのほうがBにたいして優位にあるといえます。Aは、すくなくともその点に関してはくるしみのなかにはいないからです。共にくるしむといっても、実際にはAはそのくるしみの渦中にはいないわけですから。人間というものが、他人にたいして少しでも優位にいることにささやかな快感と自己満足を感じるものであるとすれば、Aは無意識のうちに、そこに自己肯定のよろこびを感じているはずです。すべての人間が意識していると否とにかかわらず、己のなかには何らかの形で埃をもっているとすれば——もし埃をもっていない人間がいるとすれば、それはイエスだけでしょう——Aも例外ではないはずだからです。そのAの姿勢——大抵の人の場合に、それは無意識だと思いますが——にたいして、Bはある種の屈辱感と羨望とを感じるはずで、ほとんどそれをまた意識することなく、B は高橋さんがおっしゃるような反応を示していきます。すなわち、くるしみをAにたいして訴えていながら、そのくるしみはくるしみとしてそこに置きながら、しかもそこに自己陶酔やその他の形で、Aにたいしての力の誇示を行っていくのだと思います。それがBのもっている埃でしょう。自分のなかの埃に気づいていないAとBとの両者の間に、そうやってドラマや葛藤がうまれていくのだと思います。

よろこびをBがAにたいして話す場合にも、全く同じようなことがおこっているのだといえましょう。よろこびや成功を現に所有しているBが、所有していないAにたいして話す場合には、無意識のうちに優越感が働いていると考えてよく、Aがこれまた無意識のうちにそれをかぎとって、それなりの反応を示していくということになるのだと思います。

いずれにしても高橋さんがおっしゃっておられるように、なんと人間という存在は、くらげのようにえたいのしれない、一筋縄ではいかないやっかいな存在なのかと思います。その人間同士が和をつくって生きていくためには、何よりもまず、一人一人が自分のなかに巣くっている埃に気づくことが大切だというのは、全く高橋さんのご指摘どおりだと思います。

よく男の人から質問されるイエスの言葉に、〝だれでも情欲をいだいて女を見る者は、すでに心のなかで姦淫を犯したのだ〟という言葉があります。そんなことをいわれたってどうしようもないじゃあないか、というのが男の人たちの素朴な疑問なのだと思うのですが、私はこの言葉には、「人に石を投げる」ことを極端にきらったイエスの姿勢がじつによく表現されているように思うのです。これは私の推測にすぎませんが、このようなイエスの言葉は、「ヨハネ福音書八章」にでてくる「姦淫の現場を押さえられた女性の物語」のような場面で人々に語りかけられてはじめて、その意味と重みとをもってくるのだと思えます。

〝姦淫するなんて、神を恐れぬとんでもないやつだ〟と言って、手に手に石をもって集まってきた人たちにたいして〝おまえたちのなかで、自分には罪がないと思っている者がまずこの女に石を投げてみよ。情欲をいだいて女を見る者は、すでに心のなかで姦淫を犯しているのだぞ〟そうイエスは宣言したのだと思います。イエスはこの言葉によって、まず自分のなかにあるどろどろとしたものや埃の存在に気づかせ、アガペーの愛の姿勢からはいちばん遠い「人に石を投げ、裁く」姿勢をやめさせたいと思われたのだと思います。物欲や肉欲が埃よりも気づきやすいことはたしかですが、それすらも棚にあげてしまうほどに、人間というものは身勝手なものなのでしょうね。

ここまでは高橋さんと全く同意見なのですが、またまた「祈り」に関しては少し高橋さんと違うようです。どういう点かといいますと、高橋さんは、もし私の理解が間違っていなければ、まず埃を散らしてから神のいのちに参入するというふうに言っておられるように思うのです。しかし私は、〝この埃をとりのぞいてください〟と願いながら、安らかに自分を神のいのちの前に投げだすのが祈りだと思っているわけです。埃を散らすということは神がなさってくださることであって、到底自分の力でできるものではないように思えます。「見張って祈る」というのは、どうも私のような人間には少ししんどすぎます。祈りは、もう少しゆったりしていいてもいいのではないでしょうか。

話は少し違うかもしれませんが、埃を散らすのは、祈りのなかでの神様のお働きにおまかせするとして、自分の埃に気づくのには、私は自分の大きらいな人をじっと観察させてもらうことが一番だと思っています。だれでも埃をもっていることには変わりがありませんが、しかし、自分にとってどうしても好きになれない人、大きらいな人というのは、その埃のつき方が自分と似ている人だと思うのです。折角自分が棚にあげて気づかないようにしている埃を、その人が目の前にちらつかせるわけですから、私たちはその人がどうしても大きらいになるのだと思います。したがってその人をよく見つめさせてもらえば、気づかない埃にも次第に気づかせてもらうようになるのではないかと思っているのです。そしてその埃に気づかせてもらったら、それを取り去ってくださることを願いながら、母親の胸にとびこんでいく幼児のように、埃のついた自分をそのままそっと神の御手のなかに置くこと、それでよいのではないかと思うのですが。

マグダレナ・マリアにたいする高橋さんの、またモーリアックの考え方は、大変おもしろいと思いますし、たしかにそういう女性だったのであろうと思います。何かプラトンの『饗宴』のなかでいわれている、エロースの上昇を思わせるような、「絶対への渇き」をもった女性なのでしょう。日本のなかにそれをさがせば、さしずめ王朝時代の和泉式部なども、その部類にぞくする女性といえるのでしょうか。

寒いパリの冬に、どうぞ風邪をひかぬよう御注意ください。

第六回

祈りとは、言葉のつきた地平に終わるもの

二月一日　パリ（一九八二年）

高橋たか子

マリア・マグダレナとサマリアの女をめぐる問題を続けます。

その前に、ちょっと申し上げておかねばならないことがあります。私の語ったマリア・マグダレナ観にたいして、神父さんは「何かプラトンの『饗宴』のなかでいわれている、エロースの上昇を思わせるような〈絶対への渇き〉を持った女性なのでしょう」とおっしゃって、そして、日本のなかでそのような女性をさがせばと前置きして、キリスト教とは何の関係も

ない古代の女流作家の名前をおあげになりました。神父さんって、ほんとうに啞然とおさせになります（!!）。神父さんの目の前の、キリスト教徒である現代の女流作家のことをお忘れになったのでしょうか。私の洗礼名をお忘れになったのでしょうか。

さて、回心以前のマリア・マグダレナやサマリアの女は、いうまでもなくイブの直系であり、徹底してイブを生きた女たちでありますね。私は長年、聖母マリアというのがわからず、キリスト教に入るのをさまたげていたものの一つが、そのことでした。なぜなら、真に現実的な現実というのは、イブだからです。

信仰あついキリスト教徒の方々がキリスト教徒でない人々にキリスト教を広めようとする場合、いきなり聖母マリアをさしむけると、それをすぐに受けとるわけにはいかぬ女性が多いのではないかと思います。その女性がほんとうに女を生きていればいるほど（女を生きるとは男との関係を生きることです）、聖母マリアというのはほんとうでないという気になるものです。

だから、真に現実的な現実はイブなのだということから、信仰あついキリスト教徒の方々は目をそらしていただきたくないのです。そして、イブの彼方に、というか、イブをそれて通るのでなくイブを通り越したところに、聖母マリアというものを置いていていただきたい。

そういう視点に立って、やっと最近聖母マリアというのがわかってきました。

ちょっと元にもどってサマリアの女のことから、そのテーマへ入っていきたいと思います。聖ヨハネ伝のそのくだりはとても魅力的なので、よくごぞんじの神父さんにむけて、あえて場面描写をさせていただきます。

水をくむ井戸のところで交わされる会話。

「水を私にください」と、イエスは、水をくみにきた女に言う。

「なぜですか。ユダヤ人のあなたが、サマリア人の私に、水をくださいとおっしゃる」と、女は尋ねる。

「水をくださいと言ったのがだれなのか、もしあなたが知っていたら、あなたのほうが、水をくださいと言ったはずです。そして、その人はあなたに、いのちの水をあたえたはずです」

「あなたは桶を持っていらっしゃらないし、井戸は深い。どこから、そのいのちの水をくむのですか?」

「この井戸の水を飲む者は、ふたたび渇くだろう。だが、私があたえる水を飲む者は、もう渇くことはない」

「その水を、私にください。もう渇かなくなるように、そして、この井戸へもうくみにこなくてもよくなるように」

ここで、二つの水が言われていますね。一つは、飲んでも飲んでも渇く水、だから、常に自分の外へくみにいかねばならない水。もう一つは、いのちの水、それを飲めば自分のなかに絶えず水がわいて、永遠の水とつながっていく水。

一つの水からもう一つの水への移行が、サマリアの女の身の上に起こったわけですね。そして彼女はもう渇かなくなった、というわけですね。

祈りとは、結局、このいのちの水をいただく儀式だ、という言い方もできるのではないでしょうか。


やっと最近聖母マリアというのがわかってきたというのは、イブであった女たちがいのちの水のなかに自分を沈めていくと、聖母マリアになっていくのだということが、わかってきたからです。

（女の問題としてここで私は言っていますが、この女を男の問題として考えていただいてもいいのです。モーリアックがマリア・マグダレナと自分とを同一化しているように)。もちろん、無原罪の聖母マリアそのものになることはできません。けれども祈りのなかで一瞬そうなることができる、というか、それに近づくことができるのだと思います。そのための祈りです。

だから、この点においてもまた神父さんと意見がわかれます。

大罪、小罪、または罪とはいえないような埃、人によって時によってさまざまですが、そういうものをかかえて、人は祈りのなかに入っていきますね。神父さんのおっしゃるように「これを取りのぞいてください」とおねがいしながら自分をさしだすのではありますが、罪や埃のことをいつまでも思っていると、すくなくとも私は、罪人の気分のなかで自己陶酔するようなことになります。祈りのなかでも繰り返し繰り返し思い出されるそれを、やはり私の場合は「見張って祈る」のでなければなりません。見張るとは、透明な目で自己凝視していることです。そして、現れてくるそれを散らしていくことです。ここまでは私の側からの努力です。その先は、おねがいしたことが聞きいれられてきます。ある時点で、私の努力を越えて、さあっとそれが散っていきます。

それが完全にできる人は聖母マリアに近づいていくのだと思います。罪や埃を散らしてしまわないと神のいのちに参入できない、と私が言ったのは、この最終段階のことなのです。そして最終段階というのは、つまりは、アヴィラの聖テレジアの言う〈霊魂の城〉の第七の住居のことです。

ここで私は、聖母マリアというのを、第七の住居に入ることと定義したいと思います。何世紀もの間、男の方々が、聖母マリアというものに、うつくしいやさしいおとめのような母というイメージをあてはめてきました。そういう女は女から見ればどこにもいないのですから、私はもっと本質的なところで聖母マリアを考えていきたいと思います。

女が第七の住居に入った時、瞬間的に、近似的に、聖母マリアなのです。

きっと、歴史上のマリアという女は、生まれつき、第七の住居に常に住んでいるような人だったのでしょう。完全に聖霊が行き来しうるような器ということです。だから、完全にその働きを受けて懐妊できたのだ、と思います。

ある修道会へ行った時、次のようなことを耳にして、私はいっそうマリアというのがわかってきました。マリアは、一生沈黙してイエスを見つめていた人なのだから、観想の源泉である――と。

さて、私たちの内部にマリア・マグダレナとかサマリアの女とかイブがいますが（前述のように、男の方々にとっては、そういう男がいると考えればいいのです）、そうしたところを通り越すと、その先にマリアがいます。だからだれでもみんな、祈りによってマリアと同一化できるところへいけばいいのではないでしょうか。

往復書簡の最初に神父さんがおっしゃって、それをめぐってこれほどたくさん意見を交換した「祈りとは私にとって、言葉のつきた地平にはじまるものなのです」にたいして、私はこう言いたいと思います。

祈りとは私にとって、言葉のつきた地平に終わるものです。

第七の住居こそ、言葉のつきたところですから。つまり、神との合体です。

私はこちらの修道会で毎日説教を聞いていますが、マリアというのを〈あたらしいイブ〉という表現で言われるのをよく耳にします。美しい、やさしいおとめのような母という言い方ですと、さっぱり私にはわかりませんが、この表現だとぴたと適切にわかります。（ついでに言っておきますと、イエスについては〈あたらしいアダム〉という表現で言われるのをよく耳にします）。また先日、歌のなかに「イブの種族がマリアをこの世に送る」という表現も見つけました。

つまり、イブとマリアとをこのように直結させると、とてもよくわかります。同じ女です。同じ女の連続の上にある、二人の女です。ですから、イブはマリアになることができるのです。

私がキリスト教に入るのを長年さまたげていたものの一つとして、「幼子のように」という言葉があります。神父さんのお好きな言葉ですが、私にはどうも合わないのです。それではどういう言葉なら私にぴたと合うだろうかと、先日来考えていて、思いつきました。「恋人のように」です。きっとマリア・マグダレナにとって、そういう感じだったのではないでしょうか。また、アヴィラの聖テレジアにとってもそうではないでしょうか。霊的結婚などという表現を彼女は使っているのですから。

フランス語ですと、神にたいして「amoureur」とか神にたいする「désir」とか神の「amant」とかいう言葉が、自然に使われています。普通は男女の関係について使われて「恋する」「欲望」「恋人」という意味になるこういう言葉が、そのまま神にたいしても使われているのです。そもそも神と人間との間も、男女の間も、同じ「amour」なのですから。もちろんこうした種類の言葉だけではありませんが、たとえばこんな例を見ると、日本語をとおして知るものとはニュアンスが違っていて、強烈な何かがあります。

祈りは自己凝視ではなく、神の光を受けとめること

二月十五日　東京（一九八二年）

井上洋治

十一月から北海道当別の男子トラピスト修道院に、修道士の方々の黙想のお相手にきています。高橋さんも、たしかこの修道院においでになったことがおありでしたね。

私の泊めてもらっている客室の外は、昨夜降った雪に朝日があたって、まばゆいばかりの一面の銀世界です。すっかり雪をかぶった松やいちいの木の向こうには、津軽海峡がきらきらと朝日に輝いてみえます。昨日の夕方の雪原の夕焼けは、またなんとも筆舌につくしがたくすばらしいものでした。

静寂の雪景色というものは、朝は朝、昼は昼で美しいし、また晴れの日は晴れの日、曇り

の日は曇りの日でそれぞれの味わいをみせるものですね。曇りの日など、かすかに雲間からもれてくる幾筋かの光が、海面を鈍くうかびあがらせているはるか前方に、雪をいただいた栗の木が、その白褐色の木はだを灰色の空と真っ白な雪原にうかびあがらせている光景など、私の足を思わず立ち止まらせてしまいます。

ここでの私の仕事は、朝と晩一回ずつ修道士の方々に講話をすることと、午前と午後に一時間半ずつ修道士の方々と個人的にお会いすることで、あとの時間は、散歩していても本を読んでいても全く自由です。講話といっても、毎日沈黙のなかで祈りと労働に明け暮れている修道士の方々をお相手にして話をするわけですので、今更そんなに気張ってみてもはじまらないと思い、おもしろおかしく話をしています。

修道士の方々の日課は、朝三時半の起床ではじまり、三時四十五分から未明の祈りと読書、五時から「朝の祈り」と「ミサ聖祭」というふうに続いているのですが、朝三時半はちょっときついので、私は五時の「朝の祈り」から参加しています。今こうやって手紙をかいているのは八時ちょっとすぎですが、朝が早いので何かもうずいぶん時間がたったような気がします。

ついさきほどまで、朝日にまぶしいばかりに輝いていた雪原の上に、いつのまにかしんしんと雪が降りはじめ、もう津軽海峡はかすかに鈍く、かろうじてそれと判別しうるほどになってしまいました。

さて聖母マリアとイブの問題ですが、ある点高橋さんと同感の点もありますが、やはりどうも二人の感覚の差のほうが大きいようです。

真に現実的な現実はイブだ、という高橋さんの意見には私も全く同感なのですが、しかし現実の人間はマリアとイブの両面を持っていてはじめて現実の人間なのだと思います。高橋さんが、現実的な現実はイブだといわれる時、マリアが小さく後ろに引っ込んでしまっているのが現実だ、ということであろうと思います。多くの場合、同一人物のなかから、マリアが顔をだすかイブが顔をだすかは、内的・外的な環境によるものだとは思いますが、しかし、おっしゃるとおり、善良そうな表皮を一皮むけば、およそどろどろとしたイブの層が広がっているのが現実の、あたりまえの人間であろうと思います。だからこそ漱石がいうように、善人がある時ふっと悪人になる、ということがすべての人についていえることなのだと思います。そしてそれは、イエスという透明な鏡の前に自分自身を映すことを知っているキリスト者であってみれば、男性であれ女性であれ、イブの現実ということは十分にわかっているはずのことだと思います。

これに関連したことですが、世間の人たちは、よく私たちの「告解」のことを懺悔《ざんげ》などと呼んでいるようですが、懺悔という言葉は何か罪業を並べたてて後悔するというような意味合いにとれるので、〝神の前で決して神に代わることのできない自分の不完全さと汚さとを自覚し、改めて神の御手に摂取されんことを願う〟という意味での告解とはだいぶ意味内容が違うように思えるのです。

高橋さんもよく御存じだと思いますが、ルカ十八章には、イエスの語った有名な「パリサイ人と取税人の神殿での祈り」のたとえばなしがのっています。十戒というのは「モーセ律法」の倫理的な中心部をなしていますが、「モーセ律法」を神の意志の表れとして絶対なものと考え、これを生命がけで守ってきた当時のユダヤ教の一派であったパリサイ派の人は、ローマや領主の手先になって不当な税金を同胞からゆすりとっていた取税人とは違って、盗みもゆすりも姦通もしない人間であることを感謝したのでした。一方取税人のほうは、生きていくため背に腹はかえられないとはいえ、不法なことをやっていることを恥じて〝こんな私でもどうぞゆるしてください。よろしくお願いします〟と祈るわけです。取税人の祈りは神によみせられたが、パリサイ派の人の祈りは神によみせられなかった、という結論は、

〝人に石を投げる〟ことを極端にきらったイエスの姿勢をきわめてよく表していると思うのですが、私はこの取税人の姿勢と祈り、これがまさに告解というものだと思っているのです。ですから〝懺悔〟とか〝許し〟とかいうよりも、告解はむしろ〝感謝〟とか〝賛美〟の式と呼ばれるべきだというのが私の考えです。

話が少し横道にそれてしまいましたが、要するに、〝告解すること〟を知っているカトリック者にとって、あなたのおっしゃる〝イブの現実〟ということは、だれでも異論なくすぐわかるように思えます。

ただ人間なんてどっちころんでもそんなに違うものじゃあない、という人間観が私にあるからでしょうが、逆にどんなにイブが表面に出ているような人でも、その奥には必ずマリア的面があると思うのです。この点は高橋さんも「私たちの内部にマリア・マグダレナとかサマリアの女とかイブがいますが、そうしたところを通り越すとその先にマリアがいます」と書いておられますから同意見だと思うのですが、どうも私には、高橋さんのいわれる、祈りによって瞬間的にマリアになるとか、祈りによってマリアと同一化するとかいうことがよくわかりません。ここに祈りを自己凝視と見張りとしてとらえておられる高橋さんと私との大きな違いがあるのかとも思います。

私の考えを述べるまえに、高橋さんが私のいったことをだいぶ誤解しておられるところがあるようですので、少し説明させてもらいます。

私が「これを取りのぞいてください」と願いながら自分を神の光のまえに投げ出すのが祈りであるといった時、私は祈りのなかでいつまでもそれを願い続けるという意味ではありませんでした。従って「罪や埃のことをいつまでも思っていると、すくなくとも私は罪人の気分のなかで自己陶酔するようなことになります」というのには全く賛成なのです。ただ私の場合は、自己陶酔ではなく自己嫌悪になりそうな気はしますが……。だから私の場合は自己凝視ではなくて、すべてを神の御手にゆだねて、強いていえば、じっと神の光（パラマス神学によれば神のデュナミス）を全身で受けとめるということになります。極端にいえばその後はどうだってかまわないのです。すべては向こう任せですから。瞬間的にでもマリアに近づけさせてくだされればそれでいいし、いつまでも低迷しているなら、それもまたそれでいいと思っているのです。

もちろん雑念を追い払うということは、祈りにおいては大切だと思いますが、高橋さんのお手紙を読んでいると、何か〝見張る〟とか〝凝視〟とか、全体に糸がピーンと張りすぎているような感じで、もう少し肩の力をぬいたほうが……などと余計な心配をするのですが……。

もちろん私もアヴィラのテレジアが、「霊魂の城」のような傑作を人類に残してくれたことを感謝するものですが、しかし何か現在の自分の心の状態を七つの心の城と比べてみて、それで自分の今の状態をはかるというのは、あまり意味がないという気がします……。

毎朝の念禱の時間に、あまりにしばしば居眠りをしてしまうリジューのテレジアにむかって、ある日院長が、もう少し眠らないように努力をしてみては、といったのにたいして、テレジアが答えた言葉がたまらなく私は好きなのです。

「でも私は、眠っている時も神様の御手のなかで眠っていますから…」

そういうわけで、ほんとうに違うなあと感心するのですが、高橋さんのおっしゃっておられる〝恋人のように〟とか〝アムール！〟などというのは、全くといってよいほど私にはだめなのです。おっしゃるとおり、「アヴィラのテレジア」や「十字架のヨハネ」も含めて、西欧の神秘思想では、よく男女間で使われる言葉を神と人との関係にも使っています。比喩でいわれているということはわかっても、どうも私にはピンときませんし、どうしてそんな肉体的、感覚的イメージがピンとくるのか、カルメル会在会当時毎日のように聞かされても、どうしても私にはわかりかねていたのです。

「父の家には住処《すみか》が多い」というイエスの言葉を、ほんとうにそうだなあと、高橋さんのいうことを聞いていて痛感します。

神との一致の心の状態を強いて言葉で表せといわれたら、私ならさしずめ、朝日に輝く雪原の彼方の青空をいく白雲の心、とでもいいましょうか。

大自然の存在の奥に息吹く神の風《プネウマ》をうんぬんするなんていうのは汎神論だ、などというのは、ギリシャ哲学に毒されて、神の内在、神のデュナミス、聖霊を軽んじてきた西欧キリスト教の公害の結果であるとさえ私は思っているのです。

キリスト教の神論は、超越神論でもなければ汎神論でもない。汎在神論（パン・エン・テイズム）だというのが私の考えです。

第七回

日本的とか西洋的とかを超えた真実

三月八日　パリ（一九八二年）

高橋たか子

神父さん、いつかの手紙でも言いましたように、神父さんと私がこんなに違っていてもそれはまったくかまわないことではありませんか。人間というものは一人一人が違うのです。違っていることをそんなに気にしないでください。

前にも言いましたが、ヨーロッパではそういうことは当然のことだとだれもが思っています。自分の霊的宇宙観というのは自分にしか通じないし、他人の霊的宇宙観はその人にしか通じない。人間の一人一人が決して他人には通じないそれを持っていて、一人一人がそういう孤独を当然なこととして引き受けている。しかし神においてみんなつながっている。ヨーロッパにおけるそういうところが私は大好きです。もしかしたらこの点が、西洋キリスト教が日本人に受けいれられにくいことの一つなのかもわかりませんね。

祈り方について、神父さんが、すべてを向こうまかせにして自分を神の前に投げだすとおっしゃり、私が、自己凝視し雑念を散らしつつ神のいのちに参入すると言い、両方がいくら言葉で言いあっても、おたがいに相手のそれが感覚されるものではありません。言えば言うほどくい違ってくるようなことになります。神父さんは私のそれを感じようもないし、私は神父さんのそれを感じようもないのですから。つまり、そういうものが一人の人間と神とのかかわりであり、一人一人その人にしかできないかかわりであるのですから。

神父さんの引用なさった「父の家には住処《すみか》が多い」のは当然のことなのです。

そのことで、ついでに言っておきますと、〈霊魂の城〉の第一の住居・第二の住居……第七の住居というのも、かつて日本語訳で読んだ時には気づかなかったのですが、今回フランス語訳で読むと、この住居が複数形になっています。これほどの重大さを、日本語では翻訳文脈上切り捨てざるをえないところにも、なにか象徴的なものがうかがえます。複数形になっているのは、第一の住居も第二の住居も……第七の住居も、それぞれ人間の数だけあるということだと思います。だから、第七の住居で神と合体するといっても、人それぞれ他人とは違う、その人固有の合体があるのだと思います。他人のそれはどんなふうなのかなど決してわかりようのないことなのです。

そんなわけですから、神父さんがリジューの聖テレジアがいいとおっしゃっても私にはかならずしもそうでなく、私がアヴィラの聖テレジアがいいと言っても神父さんにはかならずしもそうでないというのは、なにも不思議なことではありません。けれども、神父さんがリジューの聖テレジアがいいとおっしゃるのは、そこに向きにおいて似たものがあるからであり、私がアヴィラの聖テレジアがいいと言うのは、そこに向きにおいて似たものがあるからですね。一人一人は違うけれども、そういうふうに向きにおいて似ていることはあり、その向きをスピリテュアリティというのではないでしょうか。

そして、他人のスピリテュアリティを間違っていると言うことはできません。もしそんなことを言いだせばキリスト教そのものが内部崩壊します。

ただ私は初心者なので、正統的なものからはずれていればお教えいただきたいと思うのです。

小説家である私は、祈り以前において常に自己凝視している人間です。また常に他人をも凝視しています。つまり人間を奥の奥まで見ています。意識の領域はいうまでもなく無意識の領域のかなりのところまで見ています。努力して見るのでなく一瞬のうちに自然に見えてしまうのです。小説を書いている時は、アヴィラの聖テレジアの用語で言えば第四か第五の住居ぐらいのところまで潜入しています。第一から第四か第五ぐらいの間を始終行き来しながら、小説を書いているのです。人間って、そういうものなんですから。そんな内部をかかえもった存在なんですから。つまり、深浅さまざまの段階がいりくんでいて、記憶や想像力や感覚のもたらす多種多様なイメージがいたるところに現れて、清濁混沌としている、それが人間内部の光景です。祈り以前においてすでにそういうものを見ている私は、いわばそこへ垂直に下降して、祈りに入っていくのです。どんどん降りていくと、清濁混沌としていたところを通りぬけ、清く澄んだところへ出ます。

こんなふうに言えばいくらかはわかっていただけたでしょうか。

さて、神への姿勢について「幼子のように」にたいして「恋人のように」というのを、私は考えてみましたが、この二つはきわめて基本的な二つであるのではないでしょうか。ある人には前者、他の人には後者ということなのではないでしょうか。前者でいくら説明してもわからない人には、後者で説明すればいいのではないでしょうか。神父さんに「幼子のように」と言われてもわからなかった私の経験上、そう提案してみたいのです。

人間において「幼子」型の人は神にたいしてもそのように向かい、人間において「恋人」型の人は神にたいしても、そのように向かうということなのかもしれません。日本人はどちらかといえば、前者なのではないでしょうか。もちろん私のような例外もあります。例外はたくさんあるだろうと思いますから、やはり日本人についても「恋人のように」という態度を考えてみてもいいのではないでしょうか。これは、比喩ではないのです。存在の様態の問題なのです。

以前に神父さんと何度か話しあったことですが、この問題とからんで私にはっきりしてきたことがあるので、次にそれを言います。

遠藤周作さんは、神と人との関係を男女の関係の相似形として見る、といった意味のことをよくおっしゃっています。私は私で、神というのは、男女の愛の無限延長線上に在ると言いました。遠藤さんのも私のも、同じ原理を別な言い方で言ったものです。これにたいして神父さんは、そうではないとおっしゃいました。

さて、この問題をいま考えたいと思うのです。

神父さんがそうではないとおっしゃったのは、遠藤さんや私が、相似形とか延長線といったふうに人間の側からなにかを向けていって神に至る道をつくっている、ということにたいする反論でした。そうでなく、神の側からくる光とか命とかといったものを人間が受けるという局面が大切だ、と神父さんはおっしゃったのでした。

神父さんにそう教わってから私もその局面がわかるようになってうれしく思っているのではありますが、フランスで西洋キリスト教というものに触れるにつれて、前回の手紙で書きましたように、神と人との愛が男女の愛と重なりうるものと考えるほうが、私にはわかりやすいということがはっきりしてきました。

「幼子のように」というのは、自分をつつみこむ全体的ないのちのうちにすっかり自分がつつみこまれるがままになって、そこをつなぐのは全き信頼であり、個が全体にとけこむような関係のあり方だ、と言えると思うのです。これに反して「恋人のように」というのはかなり違います。自分がはっきり主体であり相手もはっきり主体です。けれども相手は絶対であり、この世に価値あるものは相手のほかなにもなく、それを熱烈に賛美する、というのが、すくなくとも私の定義する恋人なるものです。とはいっても一方的なものでなく、こちらが愛すると同時に相手もこちらを愛するのであり、いや、相手のほうが先に愛しているからこちらも愛するのでしょうか、どちらにしても言えることは相思相愛だということです。こういう関係のあり方を絶対化したものが、神と人との愛だと考える考え方があってもいいのではないでしょうか。

前者が日本人にむくと私が言ったのは、個が全体にとけこむようなのが一般的には日本人のメンタリティだからです。けれども西洋的なメンタリティの人も、日本人のなかにはたくさんいます。

幼子のようになって神をアバと呼ぶのが神父さんの霊性の一番の根本ですね。そして神は客体として愛するものではないといつもおっしゃっています。

恋人のように神を愛する場合も、神を客体化するものではありません。ただ、こちらの主体がはっきりしているということはいえます。しかも熱烈に能動的です。『雅歌』にうたわれているとおりです。相手である神はふいに訪れてきたり、ふいに見えなくなったりします。見えなくても相手を思い、見えればいっそう思いますが、相手の存在しない世界というのはありません。見えない時にはどこまでも探しにいき、見えている時は相手のなかにいっそう相手を探します。そして相手から、つまり神から、女なら男から、男なら女から得られるものに似た、なにか甘美なものが注がれてきます。それを受ける時が至福の時です。

ざっとこういうのが「恋人のように」です。一対一の関係です。主体と客体ではない、いわば主体と主体というか、こちらの主体が相手の主体と合体する関係というか、そんなものなのです。

神父さん、わからないとおっしゃらずに、そういうあり方もあることを思ってみてください。日本的とか西洋的という区分を超えて、こういうものも真実であることをおわかりいただきたいと思います。でなければ『雅歌』がうたわれつづけるわけはありませんもの。

日本のキリスト教の問題は、文化内開花にある

三月十六日　東京（一九八二年）

井上洋治

東大寺の「お水取り」も終わって、東京もようやく春めいてきました。

高橋さんと私の考え方が違うのは何の差し支えもありませんし、十人いれば十人顔が違うように、当然考え方や感じ方が違うのも当然だと思います。ただ、このことだけははっきりわかっておいていただきたいということが二つばかりあります。一つは、簡単にいえば、アヴィラのテレジアが聖人であるのは、彼女が深い神秘体験を持ったからではなくて、彼女が苦しむ者や悩んでいる者たちの隣人となった人だったからです。この伝統的なキリスト教会の立場というものを、私たちは決して見失ってはならないということです。

高橋さんもお読みになったことがあるかもしれませんが、今から半世紀ほどまえに、フランスのパリ管区のカルメル会のブルーノという神父さんが、エチュード・カルメリテンという年間誌を発行していたことがありました。時代の要請の違いもあって、ブルーノ神父さんの死でやんでしまいましたが、それでも二十年くらいはつづいていたのではなかったでしょうか。この年間誌は、神学者、哲学者、キリスト教信者の精神分析学者、臨床心理学者などが一堂に会して論文を発表し、それについて討論したものをまとめたものでした。なぜカルメル会がそのようなことに興味と必要性とを感じたのか、ということについては、二つの理由があげられると思います。

第一の理由は、熱心なキリスト教の信者、特に観想修道会の数多いシスター方（ずっと囲いのなかにいて決して外出することをしないシスターたちのことですが）のなかには、異常な神秘体験（幻のなかでキリストと出会ったとか、お告げを聞いたとか、脱魂状態に入ったとか）を訴える方もいましたし、そのなかには明白に分裂病的症状をていしておられる方もおられたからです。従ってそれらの体験が、アヴィラのテレジアの神秘体験のように本物なのか、あるいはよく精神病棟でみられるような、分裂病患者のヒステリー現象に近いものなのか、を指導する側としては一応判定する必要にせまられていたからです。

第二の理由としては、精神分析学や心理学の側からの挑戦があげられると思います。「アヴィラのテレジアはヒステリーであったか」「聖痕はヒステリー患者にもあらわれる」といったような衝撃的な記事があらわれるに及んで、十六世紀以来カトリック教会のなかで正統神秘主義を標榜してきたカルメル会としては、これになんとか対処しなければならない必要性を感じたからだと思います。

「聖痕」というのは、イエスが十字架上で受けた傷痕のことで、毎週イエスが十字架上で死んだ金曜日の午後三時ころになると、きまって自分の身体の両手、両足、脇ばら、それに茨の冠をつけた額にあたる部分に傷痕があらわれて、そこから出血する信者がいたという報告がかなりの数あったのです。その第一号は、有名な十三世紀はじめの聖人アッシジのフランシスコで、彼がアルヴェルナ山で祈っていた時、十字架につけられたイエスのビジョンを体験し、それ以来聖痕がフランシスコの身体にあらわれたと伝えられています。アッシジのフランシスコ以来現代までに、聖痕があらわれた人たちは男女あわせて三百人以上いたといわれていますが、精神分析学や臨床心理学がそれほど発達していないうちは、聖痕はひとえに神の恵みと考えられ、それを受けた人はそれだけで聖者として尊敬されるといったような風潮でした。ところが一九三三年に、レヒラー教授が、ヒステリー患者であるエリザベトと呼ばれた二十九歳の女性に強い自己暗示をかけることによって聖痕をだすことに成功して以来、こんどは反対に、聖痕をはじめとする少し異常にみえる神秘体験は、すべてこれヒステリー症状のあらわれではないかという議論が活発になってきたわけです。

この問題をめぐって様々な議論が展開されたのですが、ティボンとかマリテンとかダルビエズといった、当時のフランスのカトリック思想界を代表する哲学者たちのまとめたところは、およそ次のようなものでした。

一般の予想に反して、体験そのものの分析だけからは、この体験が正統な神秘体験なのか、似て非なるヒステリー症状なのかは判定することは極めて困難であるということ——これが第一点です。たとえてみれば、池に浮かんだ水死体の検死だけからは、自殺か事故死か他殺かの判断はつきかねるといったことと同じだと思います。自殺か事故死か他殺かを決めるポイントは、遺書、前日の行動、その人をうらんでいた人がいるかいないかなど、他の状況や証拠物件に求められなければならないでしょう。それと同じように、ある人の神秘体験が真正なものか偽りのものかは、その体験の心理学的分析にではなく、その人の全体像に求められなければならないということです。ちょうど「マタイ福音書」七章の偽預言者にたいしていわれたイエスのお言葉どおりだというわけです。「偽預言者を警戒しなさい。その正体を見分けたければ、あなた方は彼らのみのらせる実を見ればよい。良い木は良い実をみのらせ、悪い木は悪い実をみのらせるものである。」

良い木、すなわち神の恵みによってみのらされた実とは、その人の全体像を価値づけるもの、すなわちアガペーというギリシャ語で表現されるキリスト教的な愛の行為に他なりません。従って第二点は、この第一点からおのずから導きだされるものですが、アッシジのフランシスコが聖人なのは、彼が聖痕を受けたからではなく、苦しむ人、哀しんでいる人の隣人となりえた人だったからだということです。同様にアヴィラのテレジアが聖人なのは、彼女が「霊魂の城」に描写されているような様々なすばらしい神秘体験を持ったからではなく、たとえ恍惚の状態に入っていようとも、一杯の水をねがう人がいたら、その恍惚の状態を打ち切ってその人に一杯の水をさしだすことができる人だったからです。

高橋さんもよく御存じの「ルカ福音書」十章の、いわゆる「善きサマリア人」といわれているたとえ話で、イエスは「隣人を愛する」ということは、「その人の隣人となる」ということだと説明しています。これは永遠の生命をうるのにはどうしたらよいのか、という質問に答えたイエスのたとえ話ですから、人の苦しみや痛みを己の心の鏡にうつし、受け入れ、しかるのちにその人のために行為するアガペーの愛こそが、神の御手に受け入れられるために、神との一致にいたるためにもっとも大切なことだということになるわけです。従って神秘体験や祈りが本物であるかどうかは、それと表裏一体になっている、その人の行為をアガペーの観点からみればわかるということになりましょう。

これは、アガペーの愛を律法よりも大切にしたが故に十字架上に追いつめられていったイエスの弟子の集まりとしての教会が、絶対にまげることのない大鉄則だと思います。

その意味で、新約聖書のなかにのせられている、イエスの直弟子ヨハネの書いた次の手紙の一節は、高橋さんもご存じでしょうが、ほんとうにイエスの精神をもよく言い現しているると思います。

「神を愛している、と言って、兄弟を憎んでいる人はうそつきである。目に見える兄弟を愛さない者に、目に見えない神が愛せるはずがないからである。」

何かだいぶ長々と、神秘体験とアガペーの愛との関係について書いてしまいましたが、高橋さんがアヴィラのテレジアなどの神秘思想に興味を持っておられるように思いましたので、フランスで数年間神秘思想の影響下に生活してきた私として、どうしてもこの鉄則だけは高橋さんに知っておいてもらいたいと思ったからです。

　次に申しあげたいことは、私は小説家でも学者でもないということです。どうしたらイエスの福音を日本の人々の心に伝えることができるか、という情熱に完全にとらえられてしまっている一人のカトリックの司祭でしかないということです。とことんほれこんでしまったイエス、私の人生を完全に変えてしまったイエスを人々に知ってもらいたいという以外に私には何もないのです。

　その意味では、高橋さんのようなタイプの日本人が多いか、私のようなタイプの日本人が多いかなどということは、私にとってどうでもよいことなのです。日本人論や日本文化論がどういう結論に達しようと、それすらどうでもよいことなのです。私の目の前には、ただ、明治六年のキリシタン禁令の廃止以来百年以上もたっても、いまだに信者数一パーセント（カトリックは日本の全人口の〇・三パーセントくらいでしょう。ただ私はカトリックとプロテスタントなどという本国での争いを、植民地の日本の教会にまで持ちこんでくる愚は、植民地の人間としてどうしてもさけたいと思っているので、そんな区別に固執するつもりはありません）にみたない、日本のキリスト教の厳然たる現実があるだけなのです。そしてこの現実は、今まで示してきた西欧キリスト教を日本人はなんとしても受け入れなかった、ということを示している以外の何ものでもないと思うのです。だから私は、日本のキリスト教界にたいして、求道性、神学、聖書解釈、典礼、あらゆる分野における根本的な見直しを要求しているのです。

制度であれ、神学であれ、既製品の輸入などにいくら努力しても意味はない。それは過去百年間の、宣教師をはじめとする方々の血のにじむような努力がむなしく空転してしまった歴史が証明している。問題は文化内開花《インカルチュレイション》にあるのだ、というのが私の考えなのです。もちろんそれはちょっと、そっとの期間でできるものではないことは分かっています。でもほんの一つの踏み石でも置きたいというのが、私の切願なのです。

第八回

本当のものが熟した時に生じるのが「文化内開花」

四月五日　パリ（一九八二年）

高橋たか子

神父さんがこの前のお手紙で、アヴィラの聖テレジアが聖女であったのは「隣人を愛する」人であったからだ、とおっしゃったのをきっかけに、「キリストの体論」に入っていこうではありませんか。

それに入る前に、重大な二つの点について神父さんに異論を提出することになります。今日の手紙はきっとそのことだけですんでしまうでしょう。そのことを二人の間ではっきりさせておかないと、せっかく実りゆたかなものとなりつつあるこの往復書簡に、隙間が生じてくるおそれがあるからです。

（なお、この往復書簡で私の言っていることはすべて私自身の考えであって、フランスの聖職者たちから教わったことでは毛頭ないことを、ここで言いそえておきます）。

第一は、「アヴィラのテレサが聖人なのは、彼女が『霊魂の城』に描写されているような様々なすばらしい神秘体験を持ったからではなく、たとえ恍惚の状態に入っていようとも、一杯の水をねがう人がいたら、その恍惚の状態を打ち切ってその人に一杯の水をさしだすことができる人だったからです」という神父さんのお考えにたいしてです。

神父さん、そうではありません。大体においてそうなのですが、微妙に違うのです。一人の人間を、そのように分けることはできないのです。私がこのことを言うのは神父さん個人というよりも、日本のインテリの男性一般と思ってくださってけっこうです。インテリであるほど、人間を概念的にお考えになるからです。

人間って、何をしようとずっと連続しているものです。ですから、恍惚の状態と隣人を愛する状態とは続いているのです。一方を打ち切って、他方に向かうといったものではありません。むしろ、自分の深部に下降して神の愛をたっぷり受けている状態にあったからこそ、そのまま浮上してきて、同じ愛のなかで隣人を愛することができるのです。あるいはまた、こういう場合もあります。自分の深部においては依然として神と合体していながら、同時に自分の社会的な局面において隣人を助けるという、この二つの状態が共存しうるのです。それに、アヴィラの聖テレジアというのは、きわめてミスティックであると同時にきわめてリアリストでもあるのが、著書を熟読するとよくわかります。神秘体験というのを神父さんは特殊化しすぎていらっしゃいます。神秘家というのは、神において人間を奥の奥まで見た人のことです。人間の奥の奥まで行った人といってもいいでしょう。自分の奥でもあり他人の奥でもあります。『霊魂の城』というのは、そうした神における人間内部の遍歴の、いわばリアルな報告書でもあるのです。

ですから、私流にいえば、彼女が聖女なのは、それほどまでに人間というものをよく知っていたからであり、であるから、そういう人間を愛することができたからであり、現に愛したからだ、ということになります。

神父さんにたいする異論の第二は次のことです。

なぜ神父さんはそんなにまで西洋キリスト教に反感をもたれるのでしょうか。

私の職業である文学の例をとりますと、作家AはAという世界の小説を書き、作家BはBという世界の小説を書き、作家CはCという世界の小説を書き……というように、一人一人が違った世界を提出しています。だれでも自分の世界がいいとは思っていますけれども、他人の世界を否定したりはしません。そういう多様性において文学というものが成り立っています。

それと同じようにキリスト教でも、さまざまな霊性のつくりだす一大交響楽の全体が、神を賛美しているのではありませんか。一人一人の霊性は、この交響楽の一つのパート、フルートだったりトランペットだったりヴァイオリンだったり……ということではないのでしょうか。

ですから私は神父さんの提唱される日本的霊性というものを、この意味で大いに肯定しています。と同時に、西洋キリスト教のさまざまな霊性も大いに肯定しています。

神父さんは、日本のキリスト教の現状は、明治のキリシタン禁令の廃止以来一世紀たっても、西洋キリスト教を決して受けいれなかったという現実があるだけだ、とおっしゃいます。

しかし、それは西洋キリスト教の性質そのもののせいでしょうか。

たとえば私がフランスで耳にし目にするキリスト教の言葉は、この上もなく洗練された美しいフランス語です。聖書やミサ典書はいうまでもありません。また、ミサ典書のなかとか、日曜のミサの時に配られるパンフレットのなかとかに、何百年もにわたるヨーロッパの聖職者たちの文章の何かが書きこまれていて、びっくりするほど美しく、しかも祈りのこころの張りつめられている文章に出会った時の、聖なる驚きはどうでしょう!!

聖職者たちの書物やキリスト教文学者たちの書物についても、そうした霊的な美の宝が埋めこまれていて、読みながらそれを発掘するのは、何というよろこびでしょう!! 何しろ何百年もの歴史があるのですから。

そういうものが、歴史の短い日本にはすくないです。だから、それをこれから聖職者やキリスト教文学者はしなければならないのです。

とはいっても、神父さんもおっしゃっているように、だれかがいますぐそれをしたところで、すぐどうなるといったものではありません。多くの人々が長い時をかけてそれをしていき、それらの言葉が死んで堆肥になった土のなかから、何十年も何百年も後のある日、いつまでも人の口にとなえられる美しい言葉の花が咲くでしょう。「文化内開花」というのは、たとえばそういったものです。ほんとうのものが熟した時に生じるのです。そして、ほんとうのものとは、西洋的とか日本的とかの区分の外にあります。

日本におけるキリスト教は、神を映す、美しい日本語の言葉というものを、あまりにもおろそかにしてきたのではないでしょうか。

ところで、西洋キリスト教の性質そのものの問題ですが、神父さんは前の前のお手紙で「ギリシア哲学に毒されて、神の内在、神のデュナミス、聖霊を軽んじてきた西欧キリスト教の公害」という言い方をなさっています。

神父さん、たしかにそういう面はありましたのでしょう。けれども、神父さんがヨーロッパ滞在中にお触れになったのは、神学校の神学なのだ、ということを私は指摘したいのです。

ふたたび文学に例をとります。さまざまな作家がいきいきと小説を書いていて、そして小説の読者がいきいきと小説を読んでいます。ところが、大学の文学部で勉強または研究されている文学というものは、いきいきとしたものがすくないようです。生きもののように生きている小説を、頭で理解しようとして、諸概念で分析したりその結果を論理的にまとめたりということをしているものがすくなくないのです。

それと同じことが神学についてもいえるのではないでしょうか。たしかにヨーロッパでは神学が厖大な形に発達しました。それがますます構築されていくにつれ、生命的なものから遠ざかったという側面はあったと思われます。

けれども、神父さん、そんな神学とは無関係に、ヨーロッパで無数のキリスト教徒がいきいきと神のいのちを生きていたのだ、という事実を考えてみてください。神父さんが西洋キリスト教と思っていられるものは、そうしたキリスト教徒たちの一小部分にすぎない神学者たちの考えなのだ、ということを考えてみてください。(何度もアヴィラの聖テレジアを引き合いにだしますが、彼女自身、そうした神学者たちにたいする不信を『完徳の道』で表明しているではありませんか)。

もし、西洋キリスト教全体が神父さんのおっしゃるような「公害」のあるものならば、あれほどすばらしいキリスト教音楽、キリスト教美術、キリスト教文学が生まれたでしょうか。芸術家というのはきわめて鋭敏なアンテナをもっています。生命的なものの希薄なキリスト教ならば、さっさとそっぽを向いてしまったはずです。

私自身、何もないところに何かを汲むはずがありません。

ところで、私によって汲まれたものは、私のなかに入ります。日本人としての私のなかに入るのです。私はヨーロッパ人でなく日本人なのですから。つまり、日本人としての血と肉を不可避的に持ってしまっている人間なのですから。私が西洋キリスト教から汲みとったものは、ですから、日本人としての私の血と肉のなかへ入ります。そして、そこで熟します。血と肉のなかへ入ったものだけが、熟することができるのです。それだけが、ほんとうのものです。それを持って、いつか日本へ帰ります。それは、もとは西洋キリスト教から汲みとったものだけれども、日本人としての私の存在を通過した後に出てくるものとなるでしょう。それが「文化内開花」ということです。

フランス文学の影響のもとに昔小説を書きだした私が、もはやフランスのだれの影響もない、私のものでしかない私の小説を現在書いているのと、それは同じことになるでしょう。

人間を知ることと愛することとの決定的な違い

四月十六日　東京（一九八二年）

井上洋治

十日ほど前に「パウロの足跡を訪ねる旅」から帰ったばかりで、まだ興奮さめやらぬこのごろです。連れていってほしいと頼まれて、七十六歳の方を筆頭に七十歳代が四人、総勢二十人でイスラエルからトルコを旅してきたのですが、ともかく一人の病人もでずに、事故もなく帰ってこれたのはほんとうにお恵みでした。昨日の晩もトルコの夢をみたような有様ですので、すこし夢を続けさせてもらいましょう。

今までも強く感じさせられていたことはことなのですが、今回の聖地の旅での強烈な印象の一つは、何といっても死海の夕暮れの壮絶ともいえる美しさでした。以前から聞いてはいたのですが、実際にその夕暮れの鬼気せまる美しさに息をのませられたのは今回が初めてでした。

私たちが死海北西岸のクムラン修団の遺跡についたのは、もう五時近かったでしょうか。ちょうど虫のくった流木のようにいたるところに大小の洞窟のある茶褐色のクムランの岩山の上に、日はすでに大きく傾いていました。一木一草もない対岸のモアブの山々の山膚が、ちょうど傾いていく西日を浴びて赤褐色に鈍く輝き、時間がプツンととだえてしまったような静寂のなかで、その姿をなまなましく青磁色の湖面にうつしているのです。やや紫がかった赤褐色の岩はだには、ところどころに縞模様に黒い亀裂がはしっており、それが湖面にうつったさまは、まさに神韻縹渺《しんいんひょうびょう》として、むしろ膚寒さを覚えさせるような美しさでした。時々刻々と赤みをおびてゆくモアブの山膚と、ピンク色に染まっていく死海の湖面とに、思わず釘づけになり、遺跡見学をしている皆から離れて二、三十分も吸いこまれるように一人その風景にとらえられていた私は、ふつう日本にみられるような連山の夕焼けなどとはおよそ異質な、ちょっとこの世のものとも思われない、いわば妖艶ともいえそうな重みと翳《かげ》りを秘めたこの風景に、何か悪魔的ともいえそうな恐ろしさを感じはじめていたのでした。洗者ヨハネの教団にいたころ、イエスもおそらくヨハネにつれられてこの死海のほとりを訪れ、このような夕暮れを見たことだったでしょう。春ともなれば、赤いアネモネや黄色いからしなの花が一面に緑の湖畔に咲き乱れる明るいなごやかなガリラヤ湖をこのうえなく愛して、居を故郷ナザレからカペナウムの町に移したイエスは、いったいどのような思いで、この死海の夕暮れや砂漠の夜をすごしたことだったでしょうか。何となく恐ろしくなって、思わずグループを見つけてかけよっていった私は、帰りのバスのなかから、しだいに暮れていくユダの荒野を眺めながら、どうしてもこのことを思わずにはいられませんでした。

今回はパウロの足跡を訪ねる旅だったのですが、その点では、今回もとうとうはっきりとパウロの姿をとらええないままに帰ってきました。どうもパウロという人物が私のなかで生きて動いてこないのです。

パウロが生まれ育ったタルソの町は、かつてはキケロが総督をしていたこともあり、またかの有名なクレオパトラが、屋形船に銀の櫂、紫の帆を張り、多くの女官を従えてアントニウスに会いにきた町であり、更には皇帝アウグストゥスの師であったストア派の哲学者アテノドールが隠居した町でもあり、当時はアテネやアレキサンドリヤをしのぐ文化都市だったそうなのですが、残念ながら現在は、町にある小さな博物館に残っている遺物からしか往時の繁栄を想像することができません。

そのタルソの北、タウロス山脈を越える地点に有名な「キリキアの狭門」という狭門があるのですが、三月も終わりだったというのに、その風の冷たいこと。そばを流れる渓流も半ば氷っていて、コートを着こんでもなおとても十分間も立ってはいられないほどでした。パウロはおそらく雪どけを待って、一度ならず二度までもこの狭門を越えて、アナトリア高原の町々にイエスの福音を伝えて歩いたわけですが、旅の困難に加えて、ユダヤ人たちの迫害で半殺しの目にあいながらも、パウロを遠くギリシャ・ローマまで駆りたてていくものはいったい何だったんだろうか、ということが今一つわからないのです。信仰といえばもちろんそうでしょうが、しかし何もそこまで困難をえらばなくとも、アンチオケやタルソでも十分宣教の仕事はあったはずだと思うからです。これはたんなる私の推測にすぎませんが、歴史的事実であると否とを問わず、「使徒行伝」の著者ルカが、ステパノの殉教の場面に迫害者パウロを立ち合わせているということが、何かパウロを理解するうえに極めて大切なことなのではないかということ。それに今一つは、私たちはエルサレム陥落以後、更にはパウロの書簡が新約聖書に組み入れられるほどの権威を持ってきた時代の感覚というものを、パウロの生前の時代にオーバーラップさせてしまっているのではないかということ。このあたりからすこし何か解けていきはしないかと思っているのですが。

そろそろ往復書簡の本論のほうに入ろうかと思うのですが、実をいうと、私はこの往復書簡であなたとやっている議論というか、論争というか、どうもあまり私の性に合わないのです。往復書簡をやりましょう、とあなたに誘われて、ついその気になったのですが、あなたにはあなたの考えや感じ方があり、私には私の考えや感じ方があるので、何もそれをつき合わせて、間違っているとか反対だとかあらためて言い合ってみても仕方がないような気がするのです。実証的な事柄ではないし、お互いに自分の顔や過去を今更変えることができるわけでもないのですから……。

しかし前の手紙で、どうも私の言っていることがあなたに誤解されているようなところもあるようなので、まあ誤解は誤解でもいいのですが、あなたの考えをお尋ねしたいところもあるので、その点について書かせてもらいましょう。

第一に、私自身もすでに書いたとおりに、神との一致（正確には、神の本質との一致ではなく、神のデュナミス、聖霊の働きとの一致ということですが）とアガペーの愛とは表裏一体をなしているものですが、私が言いたかったことは、隣人を愛していない人間の神秘体験らしきものは、似て非なる偽神秘体験だということです。ですから教会は一人の人を聖者と認める時に（アヴィラのテレジアでもけっこうですし、ヴィンセンシオ・ア・パウロでも、ヨハネ・ボスコでもけっこうです）その人が恍惚といったような神秘体験を持っているかどうかなどというようなことは全く問題にせず、その人がどれだけ悩んでいる人、苦しんでいる人と隣人となりえたかという点だけを問題にするのです。これはあなた御自身で列聖調査の手続きを調べてごらんになればよくわかるはずです。その点で「ヨハネ第一の手紙」三章の次の言葉はキリスト教の精神を全く如実に言い表しているといえます。「わたしたちは、死からいのちに移ったことを知っています。なぜなら、兄弟を愛しているからです。」

原文のホティという言葉は、エルサレム版の仏訳では「パルスク」、マーシャルの英訳では「ビューズ」と訳されている言葉で、原因または理由を示す言葉です。その意味で、私はあなたのいわれる「彼女が聖女なのは、それほどまでに人間というものをよく知っていたからであり、であるから、そういう人間を愛することができたからであり……」という言葉を認めることはできません。

人間を知ることと愛することとには決定的な違いがあり、決してであるからという言葉などで結ばれるようなものではないと思います。人間を知ることとは愛することとの必要条件であっても、決して十分条件ではないからです。

次に誤解されていては困るので申しますが、私は西欧キリスト教に反感を持っているわけでは決してありません。ただ西欧キリスト教を日本文化の土壌にむりやりに植えつけようとする姿勢にたいして、絶対反対の態度を示しているのです。よく落ち着いて私の手紙を読み返してくだされればよくわかるはずですが、私は西欧キリスト教全体が「公害」にみちたものだなどとは決して言ってはいません。ただ「自然が大好きだ」といえば、すぐに「どうも汎神論臭い」などという聖職者があまりに多いのは、それは神の超越的側面だけを強調しすぎてきた西欧キリスト教神学に毒されているからだ、と言っただけであって、西欧キリスト教の持っているすばらしい面を決して否定するつもりはありませんし、ヨーロッパの人に日本キリスト教を受け入れさせようなどというつもりもさらさらないのです。

西欧キリスト教から高橋さんが汲みとったものが、血と肉のなかに入り、やがて日本語に熟していくのを、すなわち文化内開花のおこなわれていくのを楽しみにお待ちしようと思いますが、あなたに是非お尋ねしたいことがあるので、次の手紙ででも御意見をきかせてもらいたいと思います。

第一は、明治以来百年たっても一パーセントにしかならないキリスト教の伸び悩みは、苗を持ってきて植えるのではなく、いきなり西欧キリスト教という大木を植えつけようとしたからだというのが私の考えなのですが、その伸び悩みの原因について高橋さんはどのように考えておられるのでしょうか。三十年後の日本のカトリック教会は、司祭も修道者も現在の三分の一くらいに減少すると思います。

第二に、ご指摘のように、フランス語の祈りにくらべて、日本語の祈りは、ミサ聖祭の典礼文にしろほんとうに日本語らしくない日本語です。その原因は何だとお思いでしょうか。また高橋さんのようにフランス語のできない（英語も）大部分の日本人は、どうやって祈ったらよいのでしょう。

お返事をお待ちしています。

第九回

五月一日　パリ（一九八二年）

キリスト教に入るために障害だったこと

高橋たか子

神父さん、私がこの住復書簡で言っていることが、単なる議論とみえるなら、それは大変かなしいことです。最初から私はただただ、こんなに神のめぐみを受けられるようになったよろこびを表明しているだけなのです。うれしいうれしいと言うかわりに、いろんな表現で、現在私に見えてきた霊的な視野を述べているのです。

私は一般に、それまで見えなかったことがふいに見えてきた時、うれしくてうれしくてそのことをはっきり言う傾向がありました。それが人を傷つけてしまうことのあったのを知っています。でも、これはそれとは別なことだと思っていました。いつかの手紙で例をあげましたように、私がよろこびを表明しているつもりなのに、私自身気づかないところで自分の力を示しているなどと、もしみえるなら、大変かなしいことです。議論とみえるとするなら、それはきっと、日本の女はこんなふうに自己表現しないからでしょう。インテリの男の方々同士が始終言いあってらっしゃるようなことにすぎませんのに。私における神のめぐみのよろこびで人が傷つくとしたら、いったい何をどう言ったらいいのでしょう。

神父さん、私がフランスのキリスト教をとおして生きているよろこびを、どうか受けてください。第一回の手紙から、問題はそのことにつきます。

マリア・マグダレナやサマリアの女のことをあれほど執拗に言ったのは、彼女たちに託して私自身を語っているのだということが、どうもよくわかっていただけなかったのは残念なことです。私の回心のよろこびをああいうふうに言ったのです。私の言っているすべてに一貫した、はっきりしたテーマがあります。そのテーマの直線の伸びていく彼方に、アヴィラの聖テレジアという理想像を、私は見ているのです。そういう方向へ歩んでいるのです。ですから、霊魂の城のなかへ下降していくという祈り方が、あまり意味のないことのようだなどとおっしゃらないでください。前二回の私の手紙に過激な調子があるとすれば、それはもっぱら、神父さんが二月十五日付の手紙でそうおっしゃったことに端を発しています。私の言っているさまざまなことのなかに、私自身のいのちの線ともいうべき一本の線を見てください。私自身は、神父さんにおける一本の線をよく知っているつもりです。おたがいが相手のそれを見ずしては対話は成り立ちません。

それから、もう一つ、奇妙なおねがいがあります。私という火山のような人間と、こうして往復書簡をお引き受けくださった神父さんは、もし火山の噴火にともなって岩石のかけらなどが飛びちるとするなら、どうかそれもお引き受けください。私自身、相手が神父さんなればこそ、まったき信頼のうちに物を言っているのですから。一般の人々相手なら、遠慮して物を言うだけです。

その火山で思いあたることがあります。前の手紙で神父さんはこの春なさった何度目かのイスラエル旅行についていろいろお知らせくださいましたが、そのなかで「今回もとうとうはっきりとパウロの姿をとらええないままに帰ってきました。どうもパウロという人物が私のなかで生きて動いてこないのです」とおっしゃっています。

神父さん、それは神父さんとパウロとが全然似てないからではありませんか。

何かにつけて反対のことを言う結果になって申しわけありませんが、私は最近、使徒行伝を読み返して、むしろ、パウロにいきいきした共感をおぼえるようになったのです。過剰なエネルギーがパウロを次々とどこかへ駆りたてていく様が、ありありと見えるようなのです。なぜなら、私自身が昔からある意味ではそんなふうですから。火山と言ったのはそのことです。

人間って、自分にとってよく見えてこない人というのは、似ていない人のことだと思います。ですから、たとえば私には、三回もイエスを否認しながらそれでもなおかつどこまでもイエスの跡についていくペテロという人は、どうも見えてきません。私はそういうふうには決して行動しない人間だからです。

マリア・マグダレナやサマリアの女が私にとって親密な存在なのは、やはりエネルギーのあり方が似ている点でしょう。フランスでいまいちばん人気のある聖人は、神父さんのお好きなリジューの聖テレジアと、聖シャルル・ド・フコーだそうですが、私には、前者がどうも見えてこず、後者はありありと見えるのも、エネルギーのあり方が似ているかいないかということなのでしょう。(もちろん、これは価値判断の問題ではなく、存在の様態の問題です）。

さて、お尋ねの件にお答えしたいと思います。

その前に一言。私はヨーロッパの言葉でないと真の祈りができないなどとはどこにも言っていません。第一回の私の手紙をよく読んでください。キリスト教国の言葉だと、何世紀にもわたる祈りがしみこんでいるので、目に見えないそれが私を助けてくれるらしいと言っているのです。ちょうど、自分の家ではよく祈れない人が修道院へ行くとよく祈れるのと同じ具合です。キリスト教国で祈りを深めた上で、非キリスト教国である日本へ、私流のいきいきした祈りを持ち帰りたいと言っているのです。お尋ねの件にすでに答えることにもなりますが、日本でキリスト教が伸びなかった理由の一つとして、西洋から日本へ入ってきたキリスト教が、どういうわけか、西洋におけるキリスト教のいきいきしたものを失って、妙に力んだものとなって日本に定着したということもあるのかもしれませんね。受洗して数年にしかならない私は、客観的な意見を言う資格はありませんので、なぜ私自身が、二十歳のころからあれほどキリスト教に近づいていながらどうしても入ることができなかったかの理由を申しあげることによって、答えにかえたいと思います。

それは何よりもまず、言葉が障害でした。言葉の美しさ云々のことを前に言いましたがそれは二次的な問題であり、何はともあれ肝心な点は、キリスト教を言いあらわす言葉が日本語として不明確なので、私にはよく理解できなかったということです。

現在聖職者になっていられる方々とか信仰あつい一般の方々は、その人その人の人生上の何らかの契機によって、一挙に信仰のただ中へ入りこんだ、幸せな人々であろうと思います。けれども、一挙にそうなれない者は手探りしながら入ろうとします。その段階で、よくわからない言葉にぶつかってしまうのです。たとえば聖書を読んでわからないとします。そこで、聖職者に質問します。しかし聖職者も聖書の言葉と同じ言葉をお使いになるだけですから、それ以上先へいけません。

私の場合は、長年のそうした試みの後すっかりキリスト教をあきらめてしまっていたのが、遠藤周作さんをとおして知った神父さんのおかげで、何かが見えてきたのは、よくごぞんじのとおりです。けれども聖書をお教えくださっていたかぎりは、日本語の言葉が依然として障害でした。(もちろん、この段階で受洗はしましたけれども)。ずっとはるかに何かが見えてきたのは、ロスキの『神秘神学』をフランス語のテキストでお教えいただいていた時なのでした。そういう段階を経て、それから何となくパリにきてしまい、フランス語のミサに毎日出ているうちに、あちこちに透きとおる炎の燃えたつような気分になってきました。つまり、あれほど日本語でわからなかった聖書が、フランス語だと明快にわかるきざしが見えてきたのです。日本語にくらべれば十分の一または百分の一も知らないフランス語ですのに。

きっと、かつての私のようにキリスト教の入り口まで行っていながら、それを言いあらわす日本語の不明確さのためになかへ入れないでいる人々がたくさんあるのではないでしょうか。

私などが言うまでもなく、最近、聖書のいい翻訳が出はじめています。そういうものがたくさん出ていって、何十年も何百年もかけて、いい日本語の聖書ができあがっていくことでしょう。(私の持っているのは日本聖書刊行会の新約聖書ですが、ヘブライ書のところだけ、他の部分とまったく違っていて、かがやくような日本語です。緊密で、何かがびっしり詰まっています。どなたが訳されたのでしょう)。

もう一つ、キリスト教に入る障害であったのは、キリストというのがどうしてもわからなかったことです。日本人にとっていちばんわかりにくいのが、「人」となった「神」、「肉」となった「神」ではないでしょうか。歴史の次元のところでキリストを説明するだけではダメなのではありませんか。このIncarnationというものを日本人に感覚してもらわないかぎり、キリスト教をわかってもらうことはできないのではないでしょうか。それにしても、先にフランス語で書きましたが「御託身」というのもさっぱりわからぬ日本語ですね。

「肉」という感じがヨーロッパにいますとぴったりきます。人々はみんな「肉」として存在していますから。日本では「肉」をはずかしげにしていますでしょう。「肉」すなわち「人間」というものを、ヨーロッパでは自然なものとして肯定しています。ですからヨーロッパにいますと、「人」となった「神」、「肉」となった「神」というものが、さらに、人(肉)のなかに復活していられるキリストというものが、リアルに、日常的に実感されるようになった今日このごろです。

日本の土壌に、イエスの福音のたねを

五月十三日　東京（一九八二年）

井上洋治

初夏の新緑が目にしみるようになりました。鉄筋三階の建物の最上階にある私の居室は、ついこの間までは、足のほうが冷え冷えとしていたのですが、昨日今日は、夜は毛布なしで寝ても汗がでてくるような始末です。御存じのあのカテードラルのジュラルミンから、太陽の熱が反射してくるせいもあるのかもしれませんが、どうもコンクリートの建物というのは、多湿の日本の気候にはあわないように思えます。木造の兄の家などは、真夏でも障子を開け放しておけば、クーラーなぞはいらないくらいに涼しいですからね。戦後フランスの修道院に行った最初の夏、直接に陽光が室内に入ってこないかぎりは、室内は涼しくたもたれているのだということを知らずに、日本流にとにかく窓を開け放さなければと思いこんで、会議室や食堂の窓の外にかけてある木の覆いを、全部とりはらって、ひどく驚かれ、注意されたことを懐かしく思い出します。

と、こんなことを書きながら、私もこの一、二年だいぶ意気地がなくなったなと思います。つい数年前までは、クーラーなしでどこまで頑張れるかやってみようか、などというファイトもあったのですが、このごろは、あんまり暑くない夏だといいなあ、などとつい思ってしまいます。電話の応待なども、ついつい、無愛想になっている自分に気づいてこれではいけないと自戒したりしているのですが……。

あなたのお手紙を拝見していてふっと気づいたことがあります。自分のよろこびを素直に表現しているのに、そのよろこびで人が傷つくとしたら、いったいどういったらいいのかというようなお言葉に対してです。正直いって驚きました。私などは、自分がうれしいからといって、素直にうれしい、うれしいと言えば、必ずまわりに傷つく人がわんさとでるにちがいないと思っているからです。

野球の例でいえば、ジャイアンツ・ファンの人が、ジャイアンツが勝ったからといって、うれしい、うれしいと手放しでよろこんでいれば、横にタイガース・ファンの人がいれば、その人は必ずやおもしろくなく、また傷ついているにきまっているからです。

なるほど芸術というものは、うれしいならうれしい、かなしいならかなしいという自分の気持ちを、そのまま素直に作品にぶつけていくものなのかもしれません。そしてそれはそれでいいのです。気に入らない作品は見なければよいわけで、見る見ないの自由は鑑賞する側にもあたえられているわけですから。しかし人間関係となればちがいます。素直に自分の感情をあらわした時、相手がよろこぶか傷つくかを考えてから表現すべきだと思います。少なくともその表現方法を考えるべきです。ジャイアンツが勝ったからうれしい、うれしいと感情をあらわせば、横にいるタイガース・ファンはすごく不愉快になるでしょうが〝自分の好きなチームが勝った時はいいものですよね〟と間接的に言えば、同じ野球ファンであれば、少なくともそこのところでは気持ちが通じあうでしょう。

野球のようなものですらそうなのですから、まして生涯を賭けて生きてきた自分の生き方や思想に対してはなおさらのことだと思います。

高橋さんは、この三十年間何を私が懸命に求め続けて生きてきたかをよく御存じのはずです。〝日本の土壌にはイエスの福音のたねをまかなければだめで、日本のキリスト教宣教の失敗は西欧キリスト教という大木を日本の土壌に植えつけようとしたことにある。従って組織であれ、神学であれ、求道性《スピリティアリティー》であれ、西欧キリスト教のものをそのまま直輸入してもだめだ！〟これが私の根本信条であり、〝どのようにしたら西欧キリスト教という日本人の身体に合わない服を、日本人の身体に合う日本・キリスト教という服に仕立て直すことができるか〟というのが、遠藤さんと同じく私の努力してきた課題です。これを否定することは、私の過去のすべてを否定することであり、同時に私自身のアイデンティティーをも否定することにつながるのです。

もしあなたが西欧キリスト教を日本に持ってこようとなさっているのなら、今言いましたように、私はそのあなたの考え方にはどうしても賛成の意をあらわすことはできません。それに賛成するということは、『余白の旅』を読み返してくだされぱおわかりになるように、私のカルメル会脱会も、皿洗いをしながら日本に帰国しようとした決意も、神学校の洗脳教育にずっと耐えたことも、そのすべてが無意味だったということを認めることになるからです。

但しここで申しあげておきますが、賛成できないということは、決してあなたがあなたの道を歩まれることを否定するわけではなく、まして邪魔をするなどということでは決してありません。その点をもう少し説明しましょう。

あなたはパリで西欧キリスト教に接して、新しい生命の水にふれえたよろこびを、素直に表現しただけだとおっしゃいます。もしこれが私とあなたとの全くプライベイトな手紙なら、それはよかったですね、ですませられるかもしれません。しかし、たとえ月刊誌であるにせよ、これは公の手紙なのです。読むのはあなただけではありません。読者の方々は、私の手紙をとおして私の考えを判断されているはずなのです。黙っていれば、あなたの考え方ややり方を、私が肯定しているのだ、というふうに受けとめられても仕方がないのです。従って私は、反対意見は反対意見だと明白に私の考えを表明しなければならないと思っているのです。

西欧キリスト教にあこがれ、西欧キリスト教を直輸入しようとしてきた日本カトリック教会の圧倒的な流れのなかで、それでも私の考え方に賛同してくださっている方々に対しても、私は私の立場をあいまいにしておくわけにはいかないのです。もちろんあなたの考えておられることも、日本のキリスト教のため、という最終目標からすれば私と同じだと思います。ただ西側から登ったのではだめだ、という体験から、どうしても東側から登るべきだという私の主張に対して、いや、やはり西側から登るべきだというのがあなたの主張であると思います。本音をいえば、もちろん私はあなたにも東側から登ってほしかったし、少なくとも手助けをしてほしかった。しかしそれは仕方がないと思います。人間顔もちがえば性質もちがうように、あなたにはあなたの考えがあるのは当然ですから。私はあなたが西側からあなたの道を登るのを祝福したいと思いますし、成功も祈りたいと思います。

あなたは、受け入れてほしいとか、認めてほしいとかおっしゃいますが、私は目標は同じでも、東側からと西側からという正反対の道をえらんで登りはじめた以上——私は少なくとも二十年は登っています——〝受け入れる〟ということは、相手の道を尊重し妨げないことだと思います。相手に自由に相手の道を行かせることだと思います。

ただ正直にいわせてもらえば、あなたは私の登山道がどういうものかをよくよく知っておられたはずだと思うのです。もしそうだったら、この往復書簡をはじめるまえに、〝あなたは西側から登ることをやめて東側から登る道をえらばれたけれど、私はどうしてもあなたのやり方についていくことはできません。やっぱり私は私なりに西側からの道を登ります〟と一言いってほしかった。そうすれば私は、この往復書簡をあなたとはじめることはしなかったでしょう。

この往復書簡だけを読んでおられる読者の方々は、これから高橋さんが、何をなさろうとしておられるかを御存じないので、何を私がそんなに厳しくいっているのか、おわかりにくいかもしれませんが、ただ私が読者の方々に知っていただきたいことは、高橋たか子さんは、私の友人ではあるけれども、私は決して彼女の考え方ややり方に賛成しているわけではないということ、すなわち私は、決して東側から道を登ることをやめて西側から登ろうなどとは絶対に思ってはいないのだ、ということです。

さて、キリスト教の日本における難しさのことですが、確かに高橋さん御自身は聖書の日本語訳のつたなさにつまずいておられたのでしょう。しかし、最近信者になられた高橋さんは御存じないかもしれませんが、振り返ってみればカトリック信者が今のように自由に聖書に接しはじめられたのはそう古いことではありません。第二バチカン公会議以来のことで、わずか十五年くらいのものでしょう。その前には「公教要理」とよばれている教科書のような書物があり、信者になるのにはこの「公教要理」を一年間くらい勉強せねばなりませんでしたし、信者になってからの教会での勉強も「公教要理」が主でした。この書物は、西欧中世スコラ神学の圧縮版ともいうべきもので、ほんとうの意味でこれを理解するには、ギリシャ哲学がわからなければならないというふうなものでした。ですから司祭となるための神学校教育は、聖書や神学を勉強する前に、アリストテレス哲学を基準としたスコラ哲学をラテン語とともに四年間勉強することを義務づけていたのでした。すなわち教会は、信者になるために、まず西欧の神学を受け入れること、言いかえれば、西欧の思惟方法を身につけることを要求したのです。しかしごく一部の例外を除けば、私は日本人聖職者、信者のほとんど全員が、西欧の思惟方法を身につけることには成功しなかったし、また日本人にそれをつけさせることにも成功しなかったのだと思っています。このようなところで、生きた日本語――ということは、日本の思惟方法が生き生きとしているということです――による訳が生まれてこれないのは当然なことだといえるでしょう。

第十回

キリストの生命体

五月二十六日　パリ（一九八二年）

高橋たか子

神父さん、一か月前のことですが、四月十五日付のお手紙を読んだ後、私の心のなかに無数の埃がまいおこり、そして、私の四月三日付の手紙が神父さんの心のなかにも同様のものを引きおこしたのかもしれないと想像し、その日の晩の祈りの時に神父さんのために祈りました。すると、いつか祈り論のところで言いましたように、さあっと一挙に埃が散っていき、笑ってらっしゃる神父さんが見えてきました。

ところで、今度の五月十三日付のお手紙を読んで、またまた私の心のなかに無数の埃がまいおこりました。そして、やはり、私の五月一日付の手紙が神父さんの心のなかに引きおこしたのかもしれない同様のものを想像し、この想像上の神父さんのために祈りました。

私は、神父さんとのこの二、三回のやりとりを思いめぐらしていて、あることを考えていました。それは、人間って、自分のたどってきた内なる歴史は知っているが、他人のそれは知りようもないし、かりに他人のそれを知ってもすぐにこぼれ落ちてしまうものだ、ということ。

ですから、私は『余白の旅』を熟読していながら、神父さんがフランスでなぜカルメル会を脱会されたかの切実な経緯は、何もおぼえていないのです。それと同じく、私の小説『天の湖』を神父さんはあれほどほめてくださったにもかかわらず、あそこで私が描いているパリと私との決定的な結びつき、すなわち、孤独の極みにいた私に焼き印のように焼きついたパリのことは、きっと神父さんからこぼれ落ちたのでしょう。（私は一九六七年、まだ西も東もわからぬ、言葉も通じぬパリに、たった一人でだれの助けもかりず、それまで築いてきた日本における一切を捨てて、未来も何もなく、きたのです。その後、しつこく繰り返して、

「何か」を確認するためのように、パリにきています。このことはこれ以上は申しあげられません)。

人間一人一人、その人にとってそうでしかありえなかった過去があります。神父さんが日本的霊性を提唱されるようになったのも、神父さんしかごぞんじない御自身の過去から出てきたのでしょう。そして、現在私がパリでフランスのキリスト教に深入りしているのも、十五年も前から、一九六七年の私の極限状況から、自分ではかならずしもそうとは知らず、始まっていたことであるのでしょう。

そんなふうに一人一人過去を背負っていますけれども、同じ神の道です。そうでしかありえなかった過去に、光が照射されるのですから。過去から出てくる現在は、照射されてはっきりしてきた道ですから。

私が生きようとしている霊的方向を、かりに神父さんが賛成なさったとしても、そのことは、神父さんのおっしゃるように御自身の過去のすべてが無意味だったとみとめることには、全然なりません。同じ神のなかの出来事ですから。そうではありませんか。

神父さんがフランスのカルメル会を自分の性に合わないものとしてお感じになったとしても、そこで過ごされた何年かは無意味なものとは私は思いません。井上神父さんには日本的霊性で働いてもらうふうに、神のみこころが行われたのではないのでしょうか。もしフランスのカルメル会にいらっしゃらなかったら、日本的霊性など思いつきもしてらっしゃらないかもしれません。そうではありませんか。

話がそれましたが、私は神父さんのために今回もミサの時に祈りました。すると、さいきん私はミサが終わりに近づくにつれて、自分が澄んでいき、キリストの体と同一化できる気分になるようになってきましたが、その時、どこまでもひろがるキリストの体の遠くに、神父さんや遠藤周作さんや町野曄子さんや『あけぼの』のシスターたちがいきいきと感じられ、みんななごやかに笑っていられ、同じ体のなかにつながっている親しさをおぼえました。

神父さん、日本的も西洋的も何もないではありませんか。みんなキリストの体の部分ですもの。

私は、東側から登ってらっしゃる神父さんに対抗して、西側から登るべきだなどとはどこにも言っていません。東的に登りやすい人もあれば西的に登りやすい人もあり、けれども東からにせよ西からにせよ、たった一ミリで登ってしまいますから、みんな同じ神のなかでいっしょです。

先日、御昇天の日にとてもいい文章に出会いました。私は毎朝五時半に起き、六時半から始まる朝の祈りに出る前に、自分の部屋でミサ典書のその日の分をゆっくり読むということをしていますが、御昇天の日のところに（日曜とか祝日には特別に、ヨーロッパの昔の聖職者たちの文章がたっぷり載っているのです）聖アウグスチヌスの次のようなのがありました。「われらの主イエス・キリストは天に昇られた時、自分の体は地上に残っていなければならぬようになさった。彼が天に昇ったので多くの人が彼を崇拝するにちがいないのを知っていられた。そして、もし人が地上に残っている彼の手足を踏んづけるなら、この崇拝は何にもならぬのを知っていられた。『昇っていくけれども、ここに私は残っている。私は頭だから、昇る。私の体はまだ地上に残っている。それはどこにあるか？　全地上に、あるのだ。それを叩いたりそれに暴力をはたらいたりしないよう気をつけなさい』」

この文章を読んだ時、私に、キリストの生命体というものがありありと視覚的といってもいいほど、顕れ、その後もずっと顕れ、よくよくわかってきました。

キリストが単に昇天されたというと、どこか目に見えないところへ行ってしまわれたイメージをあたえるだけですが、このように、昇天されたのは頭であり（キリストは教会の頭ですから）、頭より下の残り全体は地上にむけて天から降りてくるふうに伸びひろがっているといった、巨大な体のイメージは、リアルに啓示的なものでありますね。

その体が、つまり人類なのですね。

肉として存在する人間の一人一人の全体がキリストの体であり、だから、だれかを叩いたりすることはキリストを叩いたことになるというのも、このイメージがきわめて端的にあらわしてくれます。（この天というのはいわゆる天ではなく、内なる天であるのはいうまでもありませんが――）。

ところで、キリストの体である人間を愛することは何とむつかしいことでしょう!!

何度か話題にした例をもう一度ここで取りあげます。


ある人のよろこびだと思って、共にしていると、それが力の誇示に変質したり、ある人の苦しみだと思って、共にしていると、それが力の誇示に変質したりし、それでもなおかつ、よろこびも苦しみもそれはそれであるという例のことです。

じつは、以前の私の質問に、まだ神父さんは答えてくださっていません。どうもしつこくて申しわけありません。私は聞きたいことをとことんまで聞きたいのです。

つまり、この例の場合、いったい私はどのように振る舞えば相手を愛することになるのかを、どうしても知りたかったのです。

問題を簡単にするために次のように言いましょう。

ある人が苦しみを私に表明するとします。私がそれを共にしていると、苦しみに力の誇示がまじっているのに、私が気づきます。その時、私はそのことを相手に言ってあげるのが愛することなのか、どうなのか。もし黙っていれば、その力の誇示が私にたいして有害にはたらきます。ですから、その人がそんなふうにしらずしらずに他人を害していることは、その人自身も他人を愛していないことになります。だから、間違っていることをはっきりさせてあげるのが愛することなのか、どうなのか。このように、愛するといっても相互的なものではないでしょうか。

これが一つの局面。しかし、次はもう一つの局面。その人が苦しみを表明している時、じつは私にも表明しないでいる苦しみがあるとします。人間だれでも、いつもいつも苦しみをかかえて生きていますから。そうすると、その人が一方的に苦しみを表明し、私は自分の苦しみをがまんして相手のためだけに自分をささげるというのも、なにか非人間的な図ですね。相手もこちらの苦しみを知ってくれて、双方がたがいに苦しみを知りあうのでなければ、人間的とはいえないように思うのです。だから、相手が知らなければ、知らせてあげるのが、双方が愛しあうための土台なのではないのか、どうなのか。そして相手からもこちらの苦しみを共にしてもらうべきでないのか、どうなのか。この局面においても、愛することは相互的なものであるようですね。

こんなふうにとても微妙です。

また、隣人愛における隣人とは助けを必要としている人のことだと、神父さんはつねづねおっしゃっています。たとえばAがBを必要としているとします。けれどもBはBで助けを必要としていて、BはCの助けを必要としている、といった場合が、世の中の普通の場合です。

一杯の水をほしがっている人にそれをあげるのが愛だというのは原理ですが、そんな単純な現実などどこにもありません。いったいどのように振る舞えばいいのでしょうか。これは、神父さんからだけでなく、どなたからも、私がまだ一度も教わってないことであり、私自身考えても考えてもどうしてもわからないことなのです。

日本・キリスト教の確立への努力

六月三日　東京（一九八二年）

井上洋治

東京にはまだ梅雨入り宣言はだされていないと思うのですが、この二、三日は、梅雨に入ったかのように、うっとうしく小雨が降りつづいています。梅雨が好きだ、などという人はあんまりいないのでしょうが、私もどうもこのじめじめとした梅雨どきというのは好きになれません。ただこの時期、毎朝ミサをあげにいく小聖堂の横にあじさいの花が咲いているのですが、雨にうたれているあじさいの花の風情は何ともすてきだと思います。

たしかに、高橋さんがおっしゃっておられるように、人間というものは、まことに身勝手なもので、自分のたどってきた内なる歴史については痛いほど知っていても、他人の過去の歴史は、それを知っていても膺にくいこんでいないために、すぐにこぼれ落ちてしまうものなのですね。

パリと高橋さんの結びつきが切っても切れないほどに強いものだということを確かに私も充分に理解していなかったように思います。一九六七年ころの、どうにも行き詰まってしまっていた高橋さんが、パリで生命をふきかえす体験をなさったということは想像できても、パリというのは高橋さんにとっては飽くまでも偶然的な動機であって、パリが今の高橋さんをずーっと規制しつづけるほど本質的なものだなどとは私は考えてもいませんでした。ただあなたも私の言っていることがほんとうにはわかっておられないようなので、もう少し私の言いたいことを説明します。

あなたは私がカルメル会にいたことは、私にとって無意味ではなかったはずだとおっしゃいます。それはもちろんそのとおりで、カルメル会の体験がなかったら、日本・キリスト教の確立とか、日本のキリスト教を植民地の状況から脱却させたいなどということは考えてもみなかったかもしれませんし、またそのために営々と努力してくることもしなかったでしょう。それはそうでしょうが、誤解をおそれずにあえて、あなたのなさろうとしていることと対照させて私のしたことを表現してみるならば、日本のキリスト教会からパリ的要素を取り除くということ（これは実際にはパリでもアメリカでもどこでもよいので、西欧的要素ということです）が私の生涯の課題となったということは、その過去が現在の私を規制しつづけているということになるわけです。それは一九六七年のパリでのあなたの体験が、あなたのなかに生きつづけていて、現在のあなたを規制しつづけているのとまったく同じなのです。従ってパリとは切っても切れない関係になってしまっている高橋さんが、「パリとは縁を切って生きる」という私の生き方をみとめることはできても自分のものとする（賛成する）ことはできないように、私も「パリを生きる」というあなたの生き方を、みとめることはできても自分のものとすることができないのは当然のことではないでしょうか。

また、あなたは東側から登っている私に対して、西側から登るべきだとはいっていないとおっしゃいますが、これからあなたがなさろうとすることは「パリを日本に持ち込む」ということなのですから、（公にはまだしないでほしいということなので、具体的にはかくことを控えますが）「パリを取り除く」ということに専心してきた私とは、まさに正反対の道を登ろうとなさっていることではありませんか。

反対の道を登るということは、もちろん敵になるとか、相手のやることの邪魔をするとかいうことではありません。おたがいに相手の立場とやり方を尊重し（同じ頂をめざしているのですから）相手の成功を祈るべきだと思うのです。しかし、ひとつ高橋さんがわかっていらっしゃらないのではないかと思うことは、あなたがなさろうとしていることは、もはやたんなる求道性や内面世界のあり方などというものではなくて、すでに立派な社会性を持った行動だということです。

その意味で、東側から登っても西側から登っても、たった一ミリで登ってしまうというあなたの発言は、いったい何を意味しているのでしょう。私にはまったく理解不能です。何かあなたは、東側から登るとか西側から登るとかいうことがらを、たんなる内面世界のことがらとしてとらえておられるのではないでしょうか。少なくとも私は、東側から登るとか西側から登るとかいうことを、求道性に基礎づけられたその人の生き方そのもの、すなわち社会性と歴史性とを持った生き方そのものとして考えているのです。そして、あなたがなさろうとしている「パリを日本の教会のなかに持ち込もうとする作業」は、もはやたんなる求道性や精神のあり方などの問題ではなく、立派なエンゲージメントとしての社会性を持った行動なのです。

おたがいに成功を祈りあうというようなことはできても、おたがいに社会性を持った自分の生き方にエンゲージしているわけですから、身体を一つしか持っていない人間として、東側から登りながら同時に西側から登るというようなことはできるはずがないというのはおわかりいただけたと思います。

さて「ある人が苦しみを私に表明するとします。私がそれを共にしていると、苦しみに力の誇示がまじっているのに、私が気づきます。その時、私はそのことを相手に言ってあげるのが愛することなのか、どうなのか」というあなたの御質問にもどりますが、私がその問いに答えていないというお言葉ですので、私としてはもうお答えしたつもりなのですが、私の言いたいことがあなたに伝わっていないみたいなので、もう少し説明させてもらいます。

答えは「マタイ福音書」七章の、いわゆる「山上の説教」とよばれているイエスの説教のなかの次の言葉に、あざやかに言い表されていると思います。

「なぜあなたは、兄弟の目のなかのちりに目をつけるが、自分の目のなかの梁《はり》には、気づかないのですか。

兄弟に向かって『あなたの目のちりを取らせてください』などとどうして言うのですか。見なさい。自分の目には梁があるのではありませんか。

偽善者たち。まず自分の目から梁を取りのけなさい。そうすれば、はっきり見えて、兄弟の目からもちりを取り除くことができます」

もし私があなたの立場だとしたら、相手を不愉快にさせた自分の人間としてのいたらなさをわびて、しずかにその人の前から立ち去るだろうと思います。

あなたは、苦しみを表明してくる人に対して、自分が苦しみを共にしていると、相手の苦しみに力の誇示がまじっているのに気づくといわれます。この場合、この相手の行為の動機には二つのケースが考えられます。一つは、はじめから自分の力を誇示することを目的として近よってきたケースで、この場合は、苦しみの表明というのはたんなる手段にすぎません。すなわちほんとうにはその人はあなたを必要としているのではないという場合です。いま一つは、はじめは純粋に自分の苦しみを知ってもらいたい、聞いてもらいたいと思って近よってきたケースで、話をしているうちに何となく不愉快になって、それが力の誇示となってはたらいてきてしまっているといったケースです。

後者の場合には、いつのまにか優越感にひたっているという、自分でも気がついていない心の埃が相手を不愉快にし、それが力の誇示という、相手の言動をひきおこしているわけなのですから、こちらがわびるのは当然なことだと思います。けれども、自分で自分の埃を取り除くことのできるほど澄んだ人間ではこちらもないわけですから、相手が自分を必要としてきていても、それに応ずるだけのものをこちらが持っていないわけですから、申し訳ないとわびつつ去るより仕方がないでしょう。

前者の場合でも、もしこちらがイエスのような澄んだ人間であれば、たとえ相手が力を誇示してこようと、別にそれを不愉快にも有害にも感じないはずですし、そう感じさせるものは、つきつめたところ、やはりこちら側の心の埃でしょう。ですから、申し訳ありませんが、と言って、その人の前から逃げればよいのだと思います。ただいずれの場合にしろ、自分のなかの埃が問題なのですから、すなわちイエスの言葉でいえば、自分の目の梁が問題なのですから、それを取り除くように努力し、また祈るべきなのだと思います。

相手に対して力の誇示を注意するなどということは、自分の目のなかの梁を棚にあげて、相手の目のなかのちりを問題にしているわけですから、およそ愛などというのとは縁遠い行為であり、すべきことではないと私は思います。

前にも言いましたように、だれでも埃はいっぱいに持っているのですが、その埃のつき方が自分と似ている人というのは、大体においてどうしても好きになれないものなのだと思います。ですからお尋ねの場合は、こちらから苦しみを打ち明けてみても、それでうまくいくようには私にには思えません。自分のいたらなさと、どうしようもない人間の哀しさを背負って立ち去るしかないであろうと思います。

第十一回

七月一日　パリ（一九八二年）

私は人間の愛し方を知りたい

高橋たか子

人間を愛することは大変むつかしいですねということをこの前の手紙で申しあげました。キリスト教とは関係なくといいますか、昔から、人にたいする私の態度で次のようなものがあり、もしかしたらこういうふうにすることがすくなくとも私にできる人間の愛し方ではないかと思い、それを聞いていただきたいと思います。

私はだれかと心と心をつきあわせて話をするのが、大勢で楽しい会合をするよりも、昔から好きでした。親しい友だちはいうまでもありませんが、たまたま出会った人とでも、あたかも巫女が生霊の声を聴くふうに、相手の言うことを聞いたものでした。相手がいま何を望んでいるか、何を考えているか、何をくるしんでいるか、何をよろこんでいるかに、じいっと聞きいって、その人の内部へ入りこみ、内部で一緒に会話をしたものでした。

あまりそんなふうにしすぎてこの何年間か大変疲れてしまったのは私の至らないところです。なぜ大変疲れたかといいますと、職業柄いろんな人が（知っている人も知らない人も）訪ねてきたり電話をかけてきたりし、その一人一人にたいして、その人の内部へ入りこんでいたからでした。

たとえば、知らない人から電話がかかってきます。たいてい私の小説を好んでくださる人々です。冗談半分の電話もありますが、悩みごとをかかえた電話がたくさんあります。悩みごとといっても、具体的になにか悩みがあるといったものよりも、生きること自体に悩んでいるといったたぐいのものが多いようでした。私の小説の主人公たちがみなそういう人間なので、きっと作者なら、自分のことをわかってくださるだろうと思って、電話をしてこられるのかもしれません。そういう時、私はどんなにいそがしい時でもとことんまでその人の話を聞いたものでした。知らない人にたいして一時間も受話器をにぎっていることもありました。私が返す言葉がさらに相手の言葉を触発するらしく、いつまでもつづくのです。そして、その時の会話の内容を、どういうわけかいつまでもよくおぼえていて、また同じ人から電話がかかってきた時、前回の会話の内容を土台にしてすぐに話を再開したものでした。

本で読んだことはすぐ忘れてしまう、記憶力のわるい私ですのに、だれか人間から直接聞いたことは忘れないのです。かりに忘れていても、相手が話しだすと、全部思い出されてきたものでした。

そんなふうに、知っている人々や知らない人々と、私は話をしてきたものでした。そのことを今後は「キリストの内に」すればいいのだとわかってきました。

巫女のようにしていたから大変疲れてしまったのでしょう。現在はパリで沈黙と孤独の生活をしていますが、何年か先に、信仰を深めて日本に帰った時には、「キリストの内なる」会話ができる人になっているようであってほしい、というのが自分にたいする希望です。

いまふと気がつきましたが、だれか人間から直接聞いたことを私が忘れないのは、人間のなかにいられるキリストにおいて、そうとは知らず、聞いていたからかもしれません。本で出会う言葉も人間の言葉ですからキリストが化肉されていられるけれど、人間の肉声をともなった言葉にはいっそう直接的にキリストが化肉されていられるのでしょう。
人間を愛することは、その人のことを全部おぼえていてあげることではないでしょうか。これはいわゆる記憶力の問題ではなく、その人の内部でもあり私の内部でもある「キリストの内に」入りこめば、きっとできることなのでしょう。そんなふうでありたいと思っています。

ところで、以前から何度もとりあげた例の、この前の手紙のつづきを、これから申しあげます。しつこいようで恐縮ですが、同じ例のほうが話が簡明になります。それに、この例は、姦淫とか憎悪とか殺意とか強欲とかといった黒雲のような例よりも、ずっと、だれにとっても日常的に身近なものだと思うからです。埃のような例は、はっきりしたものでないだけに、とことんまで考える価値があると思うからでもあります。

AがBのよろこびを共によろこんでいるとします。BはBで純粋によろこびを表明し、AはAで純粋にBのよろこびを共にしているとします。にもかかわらず、その途中で、Bがよろこびの表明にこっそりまぎれこむふうにして、力を誇示するという局面が入ってきて、よろこびを共にして無防備でいるAに、埃のようにふりかかってきます。それは、BのAにたいする敵意とか競争意識かもしれないし、そこにはいない第三者にたいするそれかもしれないし、またはだれにたいするものともいえないそれかもしれないといった、つかみどころのないものです。それが、よろこびを表明している最中のBの、内部から、ちらちらあらわれるのです。

ある状況で、AがBにたいしてどんなにアガペを生きても、別な状況におけるAの罪ではない何かの記憶がBのほうにあって、BはAのアガペを害してしまいます。

とはいっても、それは埃のようにあらわれて、埃のように消えてしまいます。それで、ほっとしていると、また埃のようにあらわれてきたりするのです。けれども、また消えます。

人間って、なんて無気味なものでしょう。

神父さんは、結局のところ、Bにそのような埃を生じさせざるをえなかったなにかが、Aの側にもあるにちがいないのだから、申しわけありませんがと言って、人間の哀しさを背負って立ち去るしかない、とおっしゃいました。

立ち去るのでなく、私は愛し方を知りたいのです。

なぜなら、立ち去るというなら、私はほとんどの人間から立ち去らねばなりませんから。

現に、自分をもふくめた人間ぎらいになって、立ち去ってばかりいたのが、長年の私でした。

だから、右にあげた状況におけるAは、Bを愛するには、どうすればいいのでしょうか。

このAとBの例は、私の経験したおびただしい人間関係から引きだしてきたものですが、あらゆる人が他人との間に、かならずしもはっきりそうとは意識せずに経験していることだと、私は思います。せっかくいいことをしたのに不愉快になったという経験は、だれにでもあるはずです。しかし、その不愉快さの性質がいわくいいがたいといった場合のことなのです。黒雲ではなく、埃のことを、私は例にあげているのですから。

右にあげた状況におけるAが、Bを愛するには、その埃を見てはいるが同時に見ないようにすることが、愛することなのでしょうか。


神父さんはよくごぞんじのように、私は悪魔というものに以前からとても興味をもっていました。人間のなかに発生する黒雲はいうまでもなく、薄雲や埃をとおして、悪魔の顔が見えるとでもいった感じを、常に持つものですから。

最近わかってきたことは、だれか人が黒雲とか薄雲とか埃とかをあらわした場合、その人があらわしたのでなくて、その人のなかで悪魔がそれをあらわしたのだと考えたほうがいいのではないかということです。人間は神の子であり、つまり本性的には、神からくるものだけで中身ができている存在なのだ、と人間を見ればいいのではないかということです。

神の子なのだけれども弱さを内包する存在なので、その弱さの凹みへ悪魔が入りこみます。ですから、自分については、悪魔の入りこむ隙をあたえないように見張りながら神のほうにだけ向かっていればいいのでしょう。そして悪魔が入りこんで荒涼たる自分になってしまった場合には、あわれみを乞う祈りをとおしてやはり神のほうにだけ向かっていればいいのでしょう。それから他人については、埃が見えても、それは悪魔がその人のなかでつくりだしている「悪い夢」なのだと思って、神の子としての本性のところでその人を見ればいい——そう見ることがその人を愛することではなかろうか、などと考えてみるのですが、こんなふうでいいのかどうかお教えください。

日本人は「場」と「和」の倫理

七月三十一日　東京（一九八二年）

井上洋治

今年はまったく気候が不順で、七月も終わりというのに東京は、まだ梅雨があけず、うっとうしい日がつづいています。そのうち、台風十号がやってくるとかいうニュースなのですが、台風というのは、夏の終わりか秋のはじめのころにやってきて、そのあとは、赤トンボの飛ぶ台風一過の秋の青空、とばかり思いこんでいた私などは、なんだか調子が狂ってしまったなあ、という感じです。もっとも、この台風十号がとおりすぎてしまえば、とたんに真夏の太陽が照りつけてくることになるのでしょうが……。

先日、遠藤さんや矢代さんたちと一緒に、京都大学の河合隼雄さんの講演を聞き、そのあと河合さんを囲んで座談をしたのですが、その時、河合さんは次のようなことをおっしゃいました。これは私の記憶なので、もし間違っていたら申し訳ないと思うのですが、「日本にも〝個の倫理〟の父性原理を生きている人もいますし、ヨーロッパの人のなかにも〝場の倫理〟の母性原理を生きている人もいます。そういう人たちは、自国の文化圏のなかでは生きづらい人たちなのですから、お互いにもっと他の国にもたやすく生きられるようになるとよいのですが」といったような意味のお言葉だったと思います。

御存じのように、河合さんは著名なユング派の臨床心理学者で、私も『母性社会日本の病理』『中空構造日本の深層』などの著書は実に興味深く拝見していました。物ごとを分析し裁断するのが父性原理であり、逆に包みこんでいくのが母性原理であるとすれば、ヨーロッパに比べてはるかに母性原理の強いのが日本の社会だ、というのが河合さんの御意見だと思うのですが、いろんな学問分野の方たちが、それぞれの角度から「西欧と日本」を分析して、同じように日本の倫理を「場」と「和」の倫理、西欧の倫理を「個」の倫理とする結論にたっしておられることを、私自身の生活体験への反省とともに、特にこのごろ興味深いことと思っています。

河合さんは「対人恐怖症」の分析から「母性社会日本」に到達された方だと思いますが、同じ精神病理学者の木村敏という方は、「メランコリー」の分析から、日本人の倫理を「人と人との間」に根元を置くものとしてとらえられており、この「人と人との間」は「場の倫理」と同じと考えてよいのではないかと思います。また東京大学の中根千枝さんも、御自分の社会人類学の立場から、西欧の基本単位が「個」であるのにたいし、日本の基本単位は「場」であることを述べておられます。また社会学の立場からは、大阪大学の浜口恵俊さんが、『日本らしさの再発見』という著書のなかでやはり同じようなことをかいておられます。これらの本を自分の行動とてらしあわせながら読んだ時、私の倫理は、やはり「場の倫理」であり「和の倫理」であると感ぜざるをえないのです。

なぜこんなことを私がかいてきたかと申しますと、高橋さんのおっしゃることや言動を拝見していると、どうもあなたは、日本人としては比較的に数少ない「個の倫理」を生きておられる方のように思えるからです。高橋さんが、「日本の社会のなかではどうも人間関係がうまくいかず、一時、人間ぎらい」にまでなられたというのも、そのへんに深い原因があるのではないでしょうか。

かつてある地方都市のカントリークラブの人から聞いた話なのですが、そのカントリークラブが、カナダかどっかのカントリークラブに手紙をかいた時、日本式に長々と手紙のはじめに時候の挨拶をのせたので、相手のカントリークラブの人たちが、この天候に関する文はいったい用件となんの関係があるのかと、大変首をひねっていたというのです。なるほどそうだろうな、とその時はおもしろくその話を聞いたのですが、なぜ日本人は手紙のはじめに時候の挨拶をするのか、というようなことはあまり気にもとめずにすごしてきました。しかしこんど高橋さんと往復書簡をしてみてわかったことなのですが、やはりはじめに時候の挨拶をかくということは、相手とのあたりをやわらげる、相手とのまず共通の場をつくるという役割を持っているのだということに気づきました。いわば、人間関係の潤滑油のような役割をはたしているのだな、ということです。高橋さんのお便りは、すべて時候の挨拶がなく、いきなりずばっと本論に入っています。〝あの往復書簡はほんとうにパリと東京でかいているのか〟と疑っていた友人がいましたが、おそらく彼の疑問もちょっとそのへんに根ざしていたのかもしれません。高橋さんの手紙からは、エルサレム会の説明をのぞけば、パリの町の様子はおろか、気候さえも全くといっていいほどにわからず、東京のホテルの一室で、高橋さんがこの往復書簡をかいていると思って読んでも不思議がないほどですから。この、いきなりずばりっと本論に入ってくるというのは、論争ならばともかく、書簡であれば、つねに「和」と「場」をたもつことに最大限の気を使っている平均的日本人の心理からすれば、ちょっときつく感じられる点もあるわけです。ゆっくりしたボールを少し投げあってから、それでは速球でいきますよ、といった具合で速球を投げるのがふつうの日本人の会話ではないでしょうか。いきなり剛速球を投げれば、最初はゆっくりした球がくるはずだと思っている「場の倫理」の日本人は、うけそこなって傷つく人が多いのではないでしょうか。もちろんどちらがよいとか悪いとかいう問題でないことはきまっていますが……。

このまえのあなたのお手紙を拝見していて、やはり私とはずいぶんちがうなーと思うのは、高橋さんが電話で相手と話をし、相手の心の内部に入りこんでいかれるといっておられる点でした。私にも見ず知らずの人から電話がかかってくることはしばしばありますが、決して私は電話で相手の人の心の内部の話を聞くということはしません。よくよく知っている人ならばともかく、私は顔も動作も見たことのない相手の、微妙な心のひだの話を電話で聞くことは、相手を傷つける発言をしてしまいはしないかという不安のために、どうしてもできないのです。相手がなにを考え、なにをくるしんでいるのかを原点にすえて、私をその人にあわせて会話をしていくためには私にはどうしても、その人の顔の表情の微妙な動きやしぐさを知ることが不可欠なのです。それではじめて私は、相手の語った言葉を会話のふんい気のなかに正しく位置させることができるのです。もちろん高橋さんの作品を読んで高橋さんに電話してくる人と、私の著作を読んで私に電話してくる人では、タイプが全然ちがうかもしれませんし、もちろんどちらがよいという問題でないことも明らかですが、しかしここでも私たちのタイプのちがいは、かなり明白にうかびでているように思います。

最後に何回か繰り返してきたAとBとの間の問題ですが、私には高橋さんのおっしゃる「AがBのよろこびをともによろこんでいるとします」という最初の仮定が、根本的に納得ゆかないし、間違っているとしか思えないのです。最初の仮定が間違っているわけですから、そのあとの過程がすべて私には間違いに見えるわけです。私にとっては、人のよろこびを純粋にともにできるような人間は、AであれBであれ、とにかくイエス以外にはこの世には存在しないのです。ですからAが純粋にBのよろこびをともにしているうちに、Bがよろこびの表現にこっそりまぎれこむふうにして力を誇示するなどという現象自体が、私にとってはありうるはずのない現象としか見えないのです。Bが純粋によろこびを表明した時に、もし

Aがそれを純粋にともにしていると思ったとしたら、Aはその時点で錯覚と自己欺瞞に陥っているわけで、埃が自分の心の奥に立ちのぼっているのに気づいていないということだとしか私には思われません。このまえの手紙にも引用した「マタイ福音書」七章のイエスの言葉どおり、およそ人間というものは、自分の内部の埃には気づきにくいのに比べて、他人の内部の埃にはものすごく敏感なものだと思います。従ってAが、B自身が気づいていないBの内部の埃に気づくように、BもまたAの自己欺瞞とその内部にひそむ埃に気づいているはずなのです。自己の内部の埃に無自覚な二人がうまくいかないのは、まことに当然なことだと思います。

高橋さんは、せっかくいいことをしたのに、不愉快になったという経験はだれにでもあるはずだし、その不愉快さの性質がいわくいいがたい場合が問題なのだ、とおっしゃいますが、いいことをした、というのはいったいだれがきめたのでしょう。ただ自分自身が、いいことをしたという自己満足にひたっただけの話であって、相手にとっては、あなたのそのいいことが、いわくいいがたいような不愉快さをともなっているものかもしれないではありませんか。私は、自分自身の内部の埃を少しでも少なくしてくださることを神に願いつつ、その人の埃のもとを去ることが、その人にとっての最大の愛の行為であることもあると思います。埃のかけあいをして、相手を不愉快にさせなくてすむわけですから……。もちろん、私が「立ち去る」といったのは、精神的な意味でであって、絶交するとか、その人が倒れても見ぬふりをしているなどという意味ではなく、ごくごくありふれた表面的なおつきあいをする、すなわち相手の内面の世界に入っていくようなことをしないという意味です。

最後の悪魔論は、紙面もありませんし、私もよくわかりませんが、「場の倫理」はどうしても「状況倫理」と結びついていく傾向があるので、悪魔というような絶対的な悪がその人の凹みに住みこむなどというのは少し考えにくいように思えますので、私としてはなんとも申しあげられないといった感じです。

第十二回

神において人間のうちに望みを見る

八月十二日　パリ（一九八二年）

高橋たか子

神父さん、これが「往復書簡」の最後の手紙になります。いろいろと意見が食いちがって、従順な信者の方々になれてらっしゃる神父さんをめんくらわせてしまったことがあったとすれば、申しわけありませんでした。「速球」式だとおっしゃる私の物の言い方は、しかし、二十代から男の友人ばかりのなかで生きてきて、彼らが「速球」式にしゃべるものですから、自然に私の物の言い方となってしまったものなのです。

私が長年にわたって生きることに悩んでいた事実に関して、神父さんは好意ある洞察をくださって、私が「日本の社会のなかではどうも人間関係がうまくいかず、一時『人間ぎらい』にまでなった」とおっしゃり、その理由としてそれは私の「個の倫理」のせいではなかろうかとおっしゃってくださっています。

私という者をよくわかっていただきたいので、すこしだけ説明いたします。私は人間関係がうまくいかなかったというのでは決してありません。むしろ、二十前後の年齢から現在にいたるまで多種多様な人々とつきあってき、何人かの男の人たち女の人たちときわめてヒューマンな体験をもったことを、大変うれしく思っている者です。

私が生きることに悩んでいたについては、いわば、理由などないのです。人間が存在すること自体が、その理由なのだ、としか申しあげられないような類のことなのです。一人の人間が存在し、他者が存在することそのものが、人間を生き悩ませるのであり、それは、西洋や日本の真に現代的な小説家が、それぞれ独自な方法で描きあげていることであります。私自身については、短編や中編よりもむしろ長編に、つまり『空の果てまで』『没落風景』『誘惑者』『天の湖』『荒野』そして最近作『装いせよ、わが魂よ』に、そのことが混然と表現されています。

いま「混然と」という言い方をしましたのは理由あってのことです。神父さんの先のお手紙に「父性原理」「母性原理」そして「個の倫理」「場の倫理」という言葉がありましたが、それを使って申しますと、一人の人間のなかには「父性原理」と「母性原理」とが共存していますし、「個の倫理」と「場の倫理」とが共存しています。一人の女のなかに女性的なものと男性的なもの、一人の男のなかに男性的なものと女性的なものが共存しています。自分の目的や置かれている条件によって、あるものが強くあらわれたりしますが、別な目的や条件では、別なものが強くあらわれたりします。そんなふうに複雑多様で、混然としていて、相反するものが連続して溶けあっているのが、人間存在です。

私のこういう物の言い方がきっと「速球」式なのでしょう。けれども神父さん、どうか私になれてください。かならずしも私のわるい癖というものではないのですから。なぜなら、先にも言いましたように、男の友人たちがみなこんなふうにしゃべっていたのですから。

さて、一人の人間が存在し、他者が存在すること自体が、人間を生き悩ませると、さっき申しあげましたが、同時にまた、一人の人間が存在し、他者が存在すること自体が、人間によろこびをもって生きさせる、とも言えます。神において、両者が存在するならば——。これが、やっと最近、私の見つめることができるようになった真実なのです。

神において一人と一人とが存在するならば、存在をよろこびあうことができる、と申しましょうか。

ですから、私の提出した「AがBのよろこびを共によろこんでいるとします」という仮定が、もし神父さんのおっしゃるように、人間にとってそんなことはありえないのでしたら、人間って何と小さな存在ということになるでしょう。そうではなく、神において人間のうちに望みを見ることこそ、キリスト教の姿勢なのではないでしょうか。長年にわたって私が、自分をもふくめた人間に絶望的な気分をもっていただけに、キリスト教に帰依することによってそこのところに人間に望みをもつということをしないならば、もう何もないということになってしまいます。

もちろん、どんな時にもどんな場所でも、人のよろこびを純粋によろこぶことのできるのは、神父さんのおっしゃるようにイエスだけです。けれども、私たち人間にそんなことがありえないのでしたら、いったい何のために神を信じるのでしょうか。

Bが自分のよろこびを表明し、それにたいして、Aがそのことを純粋に共にしてよろこぶ瞬間というものは、たしかにあります。それがAの自己欺瞞だという場合もあります。けれどもそうでない場合もあります。そうかどうかだれが決めるのでしょう。古典心理学的解釈が、自己欺瞞だと言っているだけではありませんか。そして、そこからは何も開けてきません。私はもう、古典心理学も現代心理学も、文化社会学も文化人類学も、そのほかさまざまな、人間について外側から分析する学問は、もうたくさんなのです。

AがBのよろこびを共によろこんでいる時に、双方に埃が生じてくるのは、人間的真実であり、しかし同時に、AがBのよろこびを共によろこぶことが、瞬間的にでも純粋たりうるのも、人間的真実です。ずっと前の手紙で、人間というのは埃だらけの存在だけれども祈りをとおして「一瞬マリアになることができる」と私が言ったのは、こういうことを言ったのでもあります。「マリア」になることをたえず神におねがいし、一瞬にせよそうなりうる可能性のうちに自分を神にゆだねるのではないのでしょうか。「神化」というのは、罪の現状から「神の似姿」にもどっていくことなのではないのでしょうか。

そんなふうに神において人間を肯定したいのが、キリスト教に帰依している私の強い根拠です。

人間というのは大きな存在です。埃だらけなのは人間内部の浅いところであって、その奥の奥に、大きく広がっている青空があり、青空の中心に神が存在しています。そんな中心までをも包括するような大きさが、人間存在です。

私の祈りとはこの青空へむけて下降していくことです。

先日また、ミサ典書のなかで私にとって啓示的な文章に出会ったので、次に訳してみます。私などにくらべあらゆる本を読んでらっしゃる神父さんはよくごぞんじのことかもしれませんが。聖アウグスチヌスのものですから。

マルコ伝四章の三十五~四十一、すなわち、湖上の舟で眠っていられたイエスが起きあがって、嵐をしずめられた話をめぐって。

「実際に、主は小舟のなかで眠っていられた。そして小舟が揺れたのは、イエスが眠っていられたからである。もし目ざめてそこにいられたならば、小舟は揺れなかっただろう。あなたの小舟、それはあなたの心である。そして小舟のなかのイエス、それはあなたの心のなかの信仰である。あなたが信仰を忘れないでいるなら、心は騒ぎたつことはない。けれどもそれを忘れると、キリストは眠ってしまわれる。そしてあなたは難船の危険にさらされる」

この文章からたちまち私に浮かんだ、強烈な存在論的イメージがあります。

イエスと共に弟子たちが小舟で渡っていた湖とは、人間内部にあり人間を生きさせている生命の海だと私は思います。一人一人のなかにある海であり、あらゆる人のそれがなかでつながっている、あの海です。そこには、太古から現代まで変わることのない混沌としたエネルギーが波だっています。あらゆる種類の欲望、そしてそれらが生ぜしめる多種多様な埃のために、内側から波だっているのです。キリストを信じない人、信じていてもある瞬間キリストを忘れている人の、海は、そんなわけで波だっています。キリストが自分のなかにいられるのに、眠らせてしまっているからです。そうではなくて、キリストを自分のなかでたえず目ざめていただくようにすると、存在論的内部の嵐はしずまります。目ざめていただいているその目ざめとは、自分がそこのところにぴたっと重なって目ざめていることです。

私に浮かんだイメージはざっとこんなふうです。そして、私はたちまち、とても幸せな気分になりました。そうだ、いつもいつも私のなかの始原的エネルギーの海でキリストに目ざめていただいていればいいのだ、と。そうすると、嵐はしずまり、その海はたとえ一瞬にせよ純粋な命の海になります。（先に言ったイメージでいえば、青空になります）。

この存在論的海というものは、あらゆる人間の海であり、西洋とか日本とかの区分は、人間の外部、または内部のごく浅いところでの区分にすぎません。ところで、人間というものがおそろしい嵐の海を内包した存在だということを、ヨーロッパ人はどういうわけかだれもが本能的に知っているようです。太古から闘ってきた人種なので、早く人間というものを知ってしまったのだ、と言えるのかもしれません。キリスト教というものは、そういう地域で生まれました。ですから、日本の非キリスト教徒にキリスト教をほんとうにわかってもらうためには、こういった存在論的視野から始めなければならないと、私には思われる今日このごろなのです。

さて、最後に。

私は何年か前、遠藤周作さんに井上神父という人のところへ話を聴きに行けとすすめられ、行くことにしました。理由もなく生き悩んでいたからです。私が本質的なところで信じている遠藤さんが、いい神父さんだとおっしゃった人は、間違いなくいい神父さんだと信じ、つまり井上神父さんのなかからいいものしか汲まない方向性が自然にでき、そうなので、現にいいものしか汲まず、いろいろキリスト教について教わり、受洗し、そのあともいろいろ教わり、そうこうしているうちに、二十代からフランスのキリスト教文学をとおしてキリスト教を知ってきた私は、自分の淵源に立ってみたいといった気分でフランスにしばらく行こうと思い、それについて、神父さんからお姉さんのシスター・井上に紹介いただき、シスター・井上がパリのサン・モール会母院に泊まれるよう配慮くださり、そうして、神父さんからいいものしか汲まなかった私は、神父さんのお姉さんが紹介くださった修道院はいいところと信じ、そういう気持ちでいると、泊まっている間そこからいいものだけが汲まれてき、そこで毎日ミサに出ながら同時にイエルサレム会にも通い、それは一九八〇年の秋のことでしたが、パリの街を歩いている、ある時、ふと、こんなふうに思ったのでした。私って、小説ではあんなに悪ばかり描いてきたというのに、どうしてこんなに、信じる人には何もかも信じてしまうのだろう、と。遠藤周作さんから井上神父さんに、そして井上神父さんのお姉さんから宿泊所としてサン・モール会へ、そこから、霊的に共感するイエルサレム会へと、いいものだけがそこにあると信じきって歩いてきたので、いいものしか汲まなかった、と。こういう、いいものだけを汲むというのが、神を汲んでいることなのではないだろうか、と。

(なお、私の日参するイエルサレム会については、二回目の手紙に一側面を紹介したほかは、そのあと一度も言及することがなかったのを残念に思っています)

九月八日　東京（一九八二年）

まず己の目の埃を取り除く努力から

井上洋治

八月終わりから九月初めにかけての厳しい残暑もようやく終わって、そろそろ初秋の匂いが、この自然を失った東京の町のあちらこちらにもそこはかとなくただよいはじめるようになりました。まもなくカテードラルの前庭にも、萩やコスモスが風とたわむれる姿がみうけられるようになるでしょう。

去年私が初めてパリの高橋さんにむかって、この往復書簡を書きはじめたのが、ちょうど去年の九月十三日のことですから、あれからもう一年の歳月が流れたことになります。「五十をすぎると、飛ぶように月日が流れていくようになりますよ」という言葉を、十年近くもまえにある人からきいたことがあるのですが、なるほどそうだなあということを痛感させられているこのごろです。しかし、そう言ってはあなたにたいして申し訳ないのですが、この一年間砂をかむような空しさと味気なさとを、私はこの往復書簡を書きながらずっと感じ続けていました。その意味では、もうこれで往復書簡を書き続けなくてもよいのだという解放感にひたりながら、私がこの最後の手紙をしたためていることは否定できません。このような感情が私の心のなかに生じたのは、おそらく、全く交わらない平行線の自己主張を、高橋さんと私とがお互いに繰り返してきたという後味の悪さからだと思うのですが。しかしよく考えてみれば、私がそのような感情を持ち続けたのは、別に高橋さんのせいというわけでもなく、往復書簡といったような種類のやりとりをするということが、私の性に全く合っていなかった、ということによるのだと思います。その意味では、私の不愉快さが、高橋さんにも当然おもしろくない感情をあたえたことがあると思うので、特にここでその点に関しては、深くおわびしたいと思います。そういっても、もちろんこの往復書簡を通じて、私なりに考えさせられたことはありますし、全くうるところがなかった、といえば嘘になると思います。

自分とは感受性も考え方もちがう人を理解するということがいかに難しいものであるかを

しみじみと悟らされ、ジルソンの言葉をいまさらながらに思い出させられたことも、私にとっては一つの勉強になったと思っています。すでに他の箇所で書いたことがあるのですが、中世哲学史家のジルソンが、スコラ神学者のトマス・アクイナスとドゥンス・スコトゥスについてかつて言った言葉です。トマスとスコトゥスというのは、よくもまあ同じスコラ神学者でありながら、しかもこんな正反対ともいえる体系をつくりあげることができたものだという印象を私たちにあたえる、中世を代表する思想家なのですが、この二人の神学体系のちがいを、ジルソンは実にうまく、神の存在証明を例にとって次のように説明しているのです。「神の存在の証明は、不完全だけれども証明である」といったトマスにたいして、「神の存在の証明は、証明だけれども不完全だ」とスコトゥスは考えた。この考え方のちがいが、二人の全く相対立した神学体系をうんだのである、というのです。

半分残っているウイスキーの壜を見て、「まだ半分残っている」と言う人と、「もう半分飲んでしまった」と言う人では、壜のなかに半分ウイスキーが残っているという事実の確認は同じでも、およそ正反対のことを言っているというのと同じことだと思います。このさい大切なことは、もう半分飲んでしまったという人に、まだ半分も残っているじゃあないかと言って、自分の判断にむりやり相手を従わせることはせずに、その相手の立場をも認めて、全体のなかでのお互いの立場を確認することではないかと思うのです。

このまえのお手紙で、高橋さんは「どんな時にもどんな場所でも、人のよろこびを純粋によろこぶことができるのはイエスだけだけれども、しかし私たちにも、そういう瞬間はあるし、もし人間にそんなことがありえないのなら、いったい何のために神を信じるのでしょうか」とおっしゃいました。それにたいして、私の信仰を表現するとすれば「瞬間的にはそういうことはありえたとしても、純粋に人のよろこびをよろこぶことのできるのはイエスだけだ。だから私は神を信じているのだ」ということになるのだと思います。そしてこれは、今までの往復書簡が示しているように、まさに正反対の私たちの立場を表明しているように思えます。

何のために神を信じるのか、といわれても私は返事に窮します。神は信じるべき方であるから信じるのであって、私にはそれ以上の理由はないように思えます。

また、Bが自分のよろこびを表明し、それにたいして、Aがそのことを純粋にともにしてよろこぶ瞬間というものもたしかにあるし、また、自己欺瞞の場合もある。そしてそうかどうかだれが決めるのでしょう、とあなたはおっしゃいます。全くその点私もあなたのおっしゃるとおりだと思います。だれもそれを決められません。だからこそ、たとえ瞬間的にであったにせよ、他人のよろこびを純粋によろこんでいるなどと、自分自身で決めこんでしまううぬぼれほど、どうしようもないものはないと私は思っているのです。人は純粋に人のよろこびをよろこべるほど立派なものではない、というようなところからは、何も開けてはこない、とあなたはおっしゃいますが、私は、自分の心のなかの埃に気づく深い反省と謙虚さからしか、決して何も開けてはこない、と信じているのです。

「なんじ、何ぞ兄弟の目に埃を見て、己が目に更に多くの埃を見ざるや。あるいはなんじの目に多くの埃あるに、何ぞ兄弟に向ひて、我をしてなんじの目より埃を除かしめよと言うや。偽善者よ、まず己の目より埃を除け。然らば明らかに見えて、兄弟の目より埃をも除くべし」

このイエスのお言葉よりも深い私たちへの指針はありえないように私には思えます。人を愛《アガパオー》するということは、己の目の埃を取り除く努力から、おのずからにわきでてくる行為だと思います。

もっとも誤解しないでおいていただきたいのは、私はこの私の考えをあなたに押しつけるつもりは毛頭ないということです。ただ前の前の手紙で、あなたが私に意見を求められたので、率直に私の意見を申しあげただけなのです。

今一つ、一年間この往復書簡をあなたと続けながら、私がしみじみと感じさせられたことは、明治のキリシタン解禁以来、日本人でキリスト信者になった人というのは、多かれ少なかれ、高橋さんのように、そしてかつての私のように、無自覚ではあったとしてもなんらかの形で西欧への憧憬を持った人に限られていたのではないだろうか、という思いです。バタ臭いという表現で、一般の日本人がキリスト教に関する感情を示していたような社会で、キリスト教徒になるということは、やはりその底には、無意識にしろ西欧への憧憬・指向があったと考えるべきなのでしょうか。

それ自体普遍的なイエスの福音が、ある特定の時代・文化に結びついた形態を、もしキリスト教とよぶとすれば、西欧キリスト教にあこがれてキリスト教徒になった人たちに、日本キリスト教の必要さなどを説いてみても「ヨーロッパが好きだからキリスト教徒になったのに、いまさら日本キリスト教などといわれても困る」と言われるのはあたりまえのことなのかもしれないという思いです。これはやはり私には大変大きな勉強になりました。

困難さがまた一つわかったという感じですが、しかし「もう、いい。おいで」と神さまからよばれるまでは、私は、ずっとあたえられた私の役割と信じている道を歩み続けていきたいと願っています。

付録・高橋たか子

神の位置

正月がすぎると、ふいに陽の光が妙にきらめいてくる。十二月には沈みがちだった光が、そんなに日数の違いはないのに、旧年と新年との境目で再生するかのように白い光と感じられるようになる。その感じは一日一日と強まっていって、二月になると、そうした光が完成されてくる。私は近年、そのことを特に意識して喜ぶようになった。冷たい空気にひきしめられた自分の存在に、白くはじけるように当たる光なのである。

そうした光は、空からくるのか、大気に充満していて左や右からくるのか、下からはねかえってくるのか、判別しがたいほどである。

それにつけても思われるのは、私にとって神の位置ということである。

私は、まだキリスト教の新入生なので、ときどき井上洋治神父さんのところへ話を聞きにいくという機会を自分につくっている。神父さんからいろいろ教わることだけでなく、神父さんとメタフィジックな対話をするのが、私はたいへん好きである。

そうした折、ずっと前のことだが、私は「神というものは上にあるのでしょうか、前にあるのでしょうか」と訊ねた。ところが、私にとって意外なことに神父さんは「下にある」と言われたのであった。下または後ろという位置づけらしい。上または前というのとまったく逆だというわけである。

その時は、私にはそのことがさっぱりわからなかった。第一、「天にまします、われらの父よ」というではないか。

私は神父さんにたいして、大体次のように、私の言う「上」とか「前」を説明した。私がこの世に生きていて、必ず生きてしまう罪の場というものがあり、神は当然それを見おろしている位置にいるか、または、そういう場を私が生きぬいていった前方に存在している、と思える。

ところが、神父さんは「下」だと言われる。「下」からくる神の力に自分がうまく乗った時に自分がよく生きられるのだ、という意味らしかった。

そのことが私は、ずっとわからないでいた。ところが最近、ふいにわかった。

宗教のことはどんな分析的思考をも超えている。ふいに訪れる瞬間が、何百時間もの分析的思考以上のものをもたらすもののようである。

わかったきっかけは、実は神父さんの著書『日本とイエスの顔』のなかの一節なのである。神というものは対象化してとらえることのできない何かだと、そこには書かれていて、また、人間は神の外にいるのではなく、目が顔の中にあって見るという行為をするように、人間は神の中にあって生きるという行為をしているのだ、とも書かれ、だから神は人間にとって対象ではなくて、ただ人間がその中で生きることによって体験できるものだ、とも書かれていた。

「上」とか「前」とかは対象化した位置なのだ。

私がわかったというのは、右のような内容の言葉と、それを読んだ時の私のなかで熟していたものとが、ぴたっと合ったということだろう。私の考えるところをいえば、次のようなことになる。

人間の内部の奥に、無限大の領域があって、そこから神の力がくる。人間の内部はその奥からくるものの、いわば通路である。だから、神の力が奥からあふれでると、人間がその力に乗っかったような具合になる。神の位置が「下」だというのは、私流の言葉でいえばこういうことなのだろう。

人間が神の中にあって生きるという、その中とは、いま言った「下」から「後」へかけての抱擁の中ということらしい。頭上からとか前方から陽がさしていて、それに包まれる、というのとは違うらしい。図式的ないい方になってしまったが、文章表現すると、やむをえない。実際は茫漠としたものである。

私は、これまで神の位置をまちがっていたために、神を求めてむだな努力をしてきた。「上」とか「前」とかに対象として出会うべく努力をしてきたのだ。そうではなく「下」や「後」だとわかってからは、霊的な視野がほのぼのとひらけてきた、今日この頃である。

求める必要はなく、神の現存を感じればいいのだ、とわかってきた。

エルサレム修道会について

エルサレム修道会

一九八四年二月　パリにて

エルサレム会は、大都市の只中にある、大都市へむけて開かれた観想修道会である。歴史的に見て、さまざまな修道会がその時代時代の要求に答えて生まれてきたが、エルサレム会は、現代という時代のもつ複雑多様な要求に答えて、一九七五年にパリで生まれた修道会なのである。

今日、全世界の大都市が砂漠となり、ますます砂漠となっていくこの世界的現状において、エルサレム会の修道士・修道女は、昔の修道者たちが砂漠で祈ったように、現代大都市という砂漠で祈る人々である。彼らの祈りが、砂漠のなかにオアシスを掘り、そして「生ける水」を汲みあげる。その水を、現代的砂漠の渇きに苦しんでいる人々と分かち合う。

大都市に住む人々は、孤独や孤立、いわれなき生存の不安、絶えまのない騒音、時には暴力、眠りによってもいやされぬ疲労、利益という目的へむけての狂奔的な闘い、たえずささやかれている悪意、愛想のよさの裏にかくされた他人への無関心などなど、人間が存在して以来のさまざまな困難についてはいうまでもなく、これら現代特有の困難を、日々、一瞬一瞬生きている。何処にも、すっかり安らげる場所がなく、底の底からの喜びがなく、本当らしさはあっても本当のものがなく、誰もが幸福を欲しているのに、その願望はそう欲するものに決して出会わないので、渇きだけが残る。砂漠の渇きである。

みんなが砂漠を生きている。そうとは気づかずにさえ砂漠を生きている。

さて、エルサレム会は観想修道会ではあるが、ミサと聖務日禱に大都市の住民である信者たちを迎え入れて、同じ場所で共に祈るところに、現代的な特徴の一つがある。(「生ける水」を分かち合うのだから)。伝統的な観想修道会におけるような、世間をへだてる壁がない。いわゆる禁域というものがない。修道士・修道女は世間の人々と同じ空気のなかで生き、人々と顔を合わせ、必要ならば話をする。にもかかわらず彼らは目に見えぬ禁域内で生きている。パリの中心に位置するサン・ジェルヴェ教会でミサと聖務日禱は行われる。修道士の住居と修道女の住居はそれぞれ別に教会の近くにある。

観想修道会ではあるが、午前中だけ街へ働きに出る。会自体が一つの仕事をするのでなく、一人一人が自分の職能にしたがって都市のなかに職場をもつ。教会における祈りへ世間の人々を迎え入れる修道士・修道女は、逆にまた、仕事をとおして世間の人々のなかで内なる祈りを生きる。つまり、マリアとマルタをみずからのうちに合わせもつ。

半日の仕事で得る給料は、共有のものとして会に提供される。経済的には、会はこれだけで成立している。一般の修道会とは違って、エルサレム会は土地とか家屋の所有者ではなく、住居としているところも借家である。物質的に何も所有せず、きわめて貧しい物質条件で生き、アブラハムやイエスがそうであったようにいわば常に旅の状態でいるという自由を、彼らの生そのものが歌っている。

六時半から念禱と朝の祈り。そして朝食の後、働きに出、戻ってきて、十二時半に昼の祈り。そして昼食、午後の時間は修室での観想。夕方五時半から、念禱と晩の祈りとミサ。そして夕食、その後は修室での観想。こういう一日である。

服装については、普通の時間帯には紺色系統の修道服（職場では、たいてい私服）、典礼の時には頭巾つきの白い法衣である。

私が一九七八年にはじめてエルサレム会の典礼を知った時、何よりも印象的だったのは、仄暗い混沌とした、どこか神秘な奥処へもぐっていくような雰囲気の、美しさであった。そして同時に、会の住居へ行った時に目にとまった一切の、きわめて貧しい、裸の雰囲気。芸術的に見てもとても洗練された典礼の美と、生活における極端な清貧との、この対照――はじめての時は直観しただけのそれを、日々生きるようになった現在いっそう感受し、このことはじつにじつにすばらしいという思いを深めている。いわば、物質的に何もないところから、神における美を汲みあげているのだ。

さて、エルサレム会の典礼について誰もがもつにちがいないこういう印象を、もうすこし具体的に説明すれば――。

垂直性というものが強調される祈りである。神と聖母マリアと聖者たちとに自分を垂直的にさしむける。そして、全人間的に祈る。ヨーロッパでは精神分野において近代以後、頭脳的な傾向がますます強くなってき（日本でも現在遅ればせにそうなってきている）、キリスト教もその点について例外ではなかった。そうした偏向をはらいのけたところの、丸ごとの人間、心も魂も精神も肉体もすべてをふくんでいる人間全体でもって祈ろう、という姿勢なのである。エルサレム会の典礼は、その意味において、基本線となるものはあくまで「西方」でありながら「東方」的な富をかなり積極的にとりいれている。すなわち、イコンを崇敬する儀式、香をたく儀式、灯明をともす儀式、大地である床に触れる身振り、床に膝を折って座る座り方などなど。

歌が典礼において大きな役割をもつ。（このことは沈黙である念禱が同時に大きな位置を占めていることと矛盾するものではない）。いわゆる歌のみならず、詩編も、ミサも、ほとんどが歌われる。ビザンチン的メロディーの、八つの調があり、いわゆる音楽にくらべて音楽技術的にやさしく、八つだけ知っていれば誰でも歌える。（誰もがすぐ典礼に参加できる）。多声音なので、声と声の調和が、歌う人々の心と心を結んで溶かし広げる。（このこともまた、右に言った全人間的に祈ることの一部である）。「東方」的に、典礼はゆっくり長々と続けられ、こういうリズムが、現代の大都市生活のあわただしいリズムで余儀なくせきたてられた心を、ゆるやかな波のように鎮静する。

典礼において歌ったり読んだりされるものの典拠は、いうまでもなく第一に聖書であるが、特にエルサレム会において特徴的なのは、三、四世紀の教父たち（場合によっては十二世紀あたりまで）の書きものである。たとえば「東方」の、聖バシレイオス、聖ヨハンネス・クリュソストモス、ナジアンゾスの聖グレゴリオス、聖アタナシオス、聖エフレイム、オリゲネスなどなど、また「西方」の、聖アウグスティヌス、大聖グレゴリオス、ミラノの聖アンブロシウス、リヨンの聖イレナイオス、ポワチエの聖ヒラリウスなどなど。また時折は、近代の神秘家たち、アヴィラの聖テレジア、十字架の聖ヨハネ、エックハルトなどなどが読まれる。

さて、すでに指摘したいろいろな特徴によってもあきらかなように、エルサレム会の霊性は、一方「東方」の影響を強く受けているのであるが（特に、聖バシレイオスや砂漠の師父たちの影響）、他方「西方」のさまざまな霊性の、強力な継承の上に成立してもいる。つまり、「西方」と「東方」と二つの流れの、合流点を成している。この「西方」についていえば、次のごとくである。聖ベネディクトゥスとベネディクト会（共同生活、典礼、従順の構造、修道服において）、アッシジの聖フランシスコ（清貧と友愛において）、聖ドミニクス（神を観想し、それによっていただいたものを人々にあたえるという姿勢において）、アヴィラの聖テレジアとカルメル会（都市の小さな家に住む小さな会、そして念禱に力点を置くことにおいて)、シャルル・ド・フコー(生きることによってキリストの教えを証《あかし》し、人々の只中へ入っていって働くことにおいて)。

ところで、エルサレム会は、現代という時代の複雑な要求に答えて現れた修道会として、これまでの修道会にはない、独特な構造をもっている。

修道士たちの共に住んでいる会《フラテルニテ》。修道女たちの共に住んでいる会《フラテルニテ》。まず、この二つがあり、それぞれの修道院長をもち、前述したように別な住居に住みながら、教会で共に典礼を行っている。男女混合の会ということでなく、それぞれ別な会として独立し、男女の補完性において一体となって同じ道を生きている。ところで、これら共住の修道士・修道女とはまったく別に、隠修士の修道士・修道女というのがある。四世紀のころ以来、ユダの砂漠で隠修士たちが庵にこもって祈ったように、エルサレム会の隠修士たちは、現代的砂漠たる大都市の只中の普通のアパートに、一人一人が孤独と沈黙のうちに住んでいる。その独居の場は、かつてそう呼ばれていたように、ラウラと呼ばれる。庵にふさわしく一室だけである。パリの建物の最上階はたいてい、昔は使用人の住居とされていた貧しい小さな部屋から成っていて、エルサレム会の隠修士は、こうした最上階またはそれに類する部屋を住居とすべく規約によってすすめられている。フラテルニテには属さず、一人であり、しかし修道士たちの中から一人の霊的指導神父をえらんで、その神父に直属する。そして、教会での典礼には、共住の人々とまったく同じ資格で参加する。半日だけ街へ出て働くことについても同じである。

この外側に、親近者《ファミリエ》と呼ばれる男女の人々がいて、修道士・修道女ではないが独身を神に献げた人々であり、それぞれ単独に、エルサレム会と同じリズムで生きている。けれども彼らはその職業や生活をとおして、修道士・修道女よりは社会のなかにくいこんでいる。

さらに外側に、在俗信者《フラテルニテ・ド・ライック》の会というういくつかのグループがある。家庭をもつ人々から成り、エルサレム会と同じリズムで生きてはいないけれども典礼に列席し、それぞれのグループで定期的に集会をもつ。このグループはいくらでも増えていくことが可能である。親近者《ファミリエ》の人々よりもさらに社会のなかにくいこみ、いわばエルサレム会という大木の根となって社会の末端へ細かい根をのばし、そのようにしてエルサレム会の霊性をひろげている。

右に述べた全体を、エルサレム修道家族と呼ぶ。

また、五つの花びらのあるマーガレットの花にたとえれば、修道士の共住の会、修道女の共住の会、男女の隠修士、男女の親近者、在俗信者の会、この五つが一つの花を構成していて、中心の、花びらの要のところに位置しているのは、創立者ピエール・マリ・デルフィユ神父である。

一輪のマーガレットというイメージでも、先に言った一本の大木というイメージでもいいが、それは当然、土から生え出ている。この土が、地方教会である。だから、一九七五年にパリに生まれたエルサレム会は、一九七九年にマルセイユにもできたが、パリの会はパリの地方教会の条件のもとに、マルセイユの会はマルセイユの地方教会の条件のもとに、自由に生長している。最近ベルギーやドイツやアフリカにもエルサレム会が準備されつつあり、それらはそこの地方教会の条件のもとに生長するであろう。フランスで生まれた修道会がそのままの形と中身で他の国々に創られるというのではない。そして、どこの国にその国に合った形と中身で生長しようと、エルサレム会の霊性を生きることにおいてそれはエルサレム会なのである。(何がエルサレム会たらしめるかは「都市の中の観想」に詳述されている)。

最初に言ったように、大都市の修道会である。(エルサレム会という名称がそのことを表している)。これから、世界のさまざまな大都市へむけて伸び広がっていこうとしている。

いつか東京にエルサレム会が創られる場合も、日本の歴史的・文化的・民族的な条件のもと、現代日本特有の要求に答えて創られるだろう。

東京は、かつてあった伝統的なものが崩壊してしまったところ、という意味において砂漠である。物質的にますます繁栄し、人々は物質だけを食べ物質だけを語り、そして、もう物質しかなくなったところという意味において、だから、そうとは気づいていない人々さえ渇いているところ、という意味において砂漠である。けれども物質しかないので、ますます物質を食べ物質を語れば渇きがいやされるかと、いっそう物質のなかへ迷いこみ、何処へ行けば渇きがいやされるかを知らない、という意味において砂漠である。みんなが、外見はそうでなくても、本当は孤独でばらばらで、何も根元的な拠りどころがなくいつも無防備なまま危険にさらされている、という意味において砂漠である。がこんなふうに言うまでもなく、見る目をもった人々はよく見ているところの砂漠的現実である。この東京という砂漠に、日々の祈りによって「生ける水」を掘り、そのオアシスへ、渇く人々を招待するエルサレム会が、いつか将来に創られることを、私は念願している。誰かが創るのでなく神が働いてそうしてくださるのだけれども、神の働きの「道具」に誰かがなることによって、神が創ってくださるのだということは言うまでもない。そんな誰かの一人となって、私は働きたいと思っている。

エルサレム会の典礼の時刻表

毎日（月曜をのぞく）

六時半　聖霊の歌ではじまる、念禱

七時　朝の祈り

（ただし土曜・日曜は、七時半に念禱、八時に朝の祈り）

十二時半　昼の祈り

十七時半　念禱

十八時　晩の祈りとミサ

（ただし日曜は次のとおり）

日曜

七時半　念禱

八時　御復活の祈り

十一時　荘厳ミサ

（晩の祈りはない）

月曜
聖務日禱はない。パリの外での「砂漠」の日。

サン・ジェルヴェ教会およびエルサレム修道会の所在地

L'eglise St. Gervais
Place St. Gervais
75004 Paris France

Fraternités Monastiques de Jérusalem
—30, rue Geoffroy L'Asnier
75004 Paris
—1, rue de l'Abbe Migne
75004 Paris France

エルサレム会に関する問い合わせは左記の連絡先へ手紙でお尋ねください。
（ただし日本では電話も可）

（以下、高橋たか子のフランスおよび日本・鎌倉の連絡先が記載されている）

付録・井上洋治

キリスト教の日本化

一

山路来て何やらゆかしすみれ草

貞享元年四十一歳の時、母の墓参をかねて伊勢・伊賀から美濃・尾張にわたる大旅行に出発した芭蕉が、翌二年山科あたりから大津に出る山路でつくった句である（『野ざらし紀行』）。この句を何度も口ずさんでいるうちに、ほのぼのとした暖かさと親しみとを感じてくるのは恐らく私だけではないであろう。キリスト教徒であると否とを問わず、人生も半ばを越すにつれて、今迄何の興味もわかなかった俳諧や陶磁器に親しみを覚え、明るく軽快な教会の鐘よりも重く沈んだ寺院の鐘の音に郷愁にも似た懐しさを感じてくるのが多くの日本人ではなかろうか。

思想史的にいえば、大正末期から昭和の初めにかけての近代日本の頽廃期に、伝統が一応断絶されたとはいえ（鈴木成高「日本における伝統と近代」『日本文化研究』第七巻所収、新潮社）、しかも二百数十年をへた今日の私たちに、この芭蕉の句が強い親しみを感じさせるというのは、小さなすみれ草と只一人山路でむかいあっている芭蕉の心の在り方が、日本人の心理構造と何かぴったりと照応するものを持っているからにほかならない。

明治の文明開化以来日本は驚くべき速さで近代化の道を走り続け、あらゆる分野にわたって西欧のものを取入れることに全力をあげ、西欧が数百年かかって歩んだ道をわずか数十年でかけぬけてきた。その結果、数百年の遅れをとりもどすことに汲汲として、日本人は西欧からはいってくるものを一々吟味検討し、それを日本的なもの、伝統的なものと対立させ、それらをよくそしゃくして受けいれる余裕を全く持たなかった。換言すれば、日本は近代をその固有の伝統から生みだすことができず、簡単に西欧から既にできあがった近代を輸入せざるをえなかったのである。しかし、いかに巧妙に日本人が西欧の近代を輸入してみても、結局は日本人は長い二千年の文化の伝統を無視して生きることはできず、そこに相当の無理が遂行されたのはやむをえないことであった。著名な心理学者ユングが指摘する如く、日本の過去の歴史は集合的無意識として現在の私たちの生活のうちに働いているのであり、既に日本人の心理構造をその根本において形成してしまっている筈である（C. G. Jung の学説の中心部を形成する集合無意識については、『ユング著作集』日本教文社、参照）。ある文化のうちで育った人間は、それと異質な文化に自己を適用させようといかに努めてみても、「その新らしい社会の文化に従って活動したり思考したりすることは習得できても、それに従って感ずるように習得することはできない」（リントン『文化人類学入門』清水・犬養訳、創元社、一七七頁、傍点筆者）のである。キリスト教が日本において多くの人々の心に根をおろすことなしに全く上すべりの状態にあるということは、キリスト教を日本に紹介するにあたって、あまりにもこの心理構造の差を無視して、西欧の心理構造に照応するように西欧化されたキリスト教をそのままの姿で日本人に押しつけようとしたからではないだろうか。

明治以来西欧文化を受容するにあたって、日本の知識階級は自己の心理構造に何等抵触しないで受容できるものは何の躊躇もなくこれを受けいれ、抵触するものであっても、抵触しない形に日本化しうるものは、無意識のうちに巧みにこれを日本化して受容してきた。おもに自然科学的思想は前者に属し、文化科学的思想は後者に属するものといいえよう。自然科学は、もともとその立場自身が、自然現象のうちから数値であらわされる性質をぬきだし、その数字を使用して分析より綜合へと知識を集成していく立場であり（中谷宇吉郎『科学の方法』岩波書店）、従って実在を具体的に把握するのでなしに抽象して把握する立場であるが故に、数式の意味の取り方には各科学者の意識下に動いているものによって多少の差異は生ずるとしても（湯川秀樹他「東洋的考え方と西洋的考え方」『現代宗教講座』第四巻所収）、どのような心理構造を持つ民族であっても困難なしにこれを受容することができる。これにたいし日本の知識階級は、哲学文学等の、自然科学に比してもっと深く心理構造や生活感情に根をおろしているものに対しては、無意識のうちに、その思想をうみだした西欧的心理構造や生活感情からそれを一箇の製品として切離してしまい、この思想を適当に日本化して受けいれてきたのである。たとえ完全に日本化し得ない迄も、その思想の西欧的心理構造との結びつきの程度の強さに応じて、自己の心理構造に本質的な変化をあたえない程度に日本化して受けいれることはそんなに困難なことではなかったであろう。もとより西欧思想を、西欧二千年の精神史の基調ともいうべきキリスト教から完全に切離して理解することは殆ど不可能に近いことであろう。同じ人間としての共通性を所有しているとはいえ、キリスト教の精神をしらずに、ニーチェもボードレールもサルトルも、はたして日本の知識階級はどの程度迄純粋に彼等の思想を理解しえたであろうか。日本人の理解した西欧思想は適当に日本化されてしまった西欧思想であると私には思われるのである。この日本人の西欧思想に対する無意識的な態度を理解した時に、私たちは何故日本人があれ程西欧文化に憬れ、これを受容することに努めながらも、キリスト教にだけは、〈バタ臭い〉というような表現のもとに一種の本能的反発感を示したかを理解することができるのである。それは西欧的キリスト教が、他の西欧思想と異なり、たやすく西欧の生活感情からこれを切離して一箇の製品として日本化し、日本流にこれを受けいれるのに極めて困難だったからにほかならない。もし一箇の製品として生活感情から切離すことが簡単にできないなら、そのままの形でこれを受けいれようとする以外にないであろう。そのままの形で西欧的キリスト教を受けいれることは、今度は日本人が自己の心理構造と生活感情とを否定せねばならない自己崩解の危機に瀕することとなるのである。それは日本人の精神的自己崩解にたいする一種の防禦作用であったとさえ考えられるであろう（異質文化のうちに根ざしている思想、宗教等を、そのままの形で受けいれることの危険をユングは明白に指摘している。C. G. Jung: Le moi et l'inconscient, trad Fr. Paris 1938）。

日本とキリスト教という問題を考えるにあたって、舶来品と横文字とに強い尊敬と憬れをもって西欧のものを受けいれようとした日本人であっても、自己の心理構造や生活感情に重大な危機をおよぼす西欧的キリスト教だけは、これを無条件に受けいれようとせず強い反発を示したということ、ここに問題の焦点があるように思われるのである。いかにしても日本人は西欧人になりきることはできないであろう。一個人がキリスト教を受けいれた場合を考えてみても、その個人の思想体系、世界観は変るであろうが、決してその個人の心理的性格や実在感覚が変るということはなく、キリストの恵みは決して自然を破壊することはないのである。個人と民族とを比較することには、もちろん多くの問題があるとしても、一民族がその固有の文化の伝統をになってキリストの教えを受けいれた時、キリストの教えがその文化の思想に大きな変化をもたらすことはあっても、その民族の心理構造や生活感情が変ってしまうなどということは到底考えられないことなのである。それは恐らく不可能に近いことがらであろう。

確かに最近の文化人類学や社会科学の発達が教えるとおり、今迄しばしば全く固定的、不変的なものと考えられていた民族的、地域的、文化的断絶も、その多くは社会的環境の産物であり、従って近代技術による世界の統一化、均質化の過程によって、次第にその断絶も減少していくことは否定できない事実であろう。マルクスのいわゆる生産力と生産関係による下部構造が、日本と西欧と類似してくるにつれて、思想や政治形態を含めた文化形態そのものが現在よりもはるかに接近していくことは充分認めうることである。しかし、はたして思惟方法や心理構造の差異がどこ迄解消しうるものであろうか。もともと本質的に同一であるべき人類が、民族によってそれぞれ固有の心理構造や文化形態を所有するに至った理由は、狭義の社会的環境以外に言語、風土、歴史という重要な要素を考慮にいれなければならないであろう。

ある固有な言語をうみだしたものはその民族であろうが、一度言語が形成されるや、逆に言語がその民族の性格や思想を規定する役割をもつに至るのであり、民族性と思惟方法と言語とは不可分密接な相互規定の関係を形づくっているのである（言語と思惟方法の関係については B. Whorf, Four Articles on metalinguistics, 1949: S. Langer, Philosophy in a New Key, New-York 1948 参照）。著名な社会心理学者フロムは、私たちがある経験に気づく為には、その経験が、言語、論理及び社会的性格の三重のフィルターを通ることが必要であると述べているが（フロム「精神分析学と禅仏教」佐藤・豊村訳『禅と精神分析』所収、創元社）、これによっても私たちの日常の生活体験、ものの感じ方、宗教体験迄が言語に大きく左右されていることを認めなければならず、ウォルフと共に、言語こそは生活の態度を含む生の経験の凍結された表現であるといわなければならないであろう。

歴史的に一例をあげてみても、ベルギー政府やスペイン政府がいかに政治的圧力をもって、フランス語、スペイン語の使用をフランドル及びバスク地方に強制してみても、これらの地方の家庭から遂にフランドル語、バスク語を追放することに成功しなかったことからも、ほかの種々の要素が考えられたとしても、兎に角民族と言語との結びつきの深さの一端を窺うことができるであろう。

個人の性格の特殊性は、遺伝的なものよりもむしろ幼年期の家庭環境によって形成されるものであることを、精神分析学は明らかにしたが、それと同じく、ある民族の民族的性格、心理構造もその揺籃期において神話や言語の形成と共にできあがったと考えられるのであり、その意味において、一度限り獲得されたと考えられる民族性が、単に現在同一の社会的（狭義の）構造を所有することによって直ちに解消してしまうとは到底考えられないことなのである。歴史、言語とならんで、自然的風土も又一民族の性格規定のうえに重大な役割をもっていることは否定できない事実であろう（和辻哲郎『風土』岩波書店）。

たとえ今仮りに日本人の集団と西欧人の集団とが全く同一の風土的、社会的環境におかれたと仮定してみても（例えば月への移住の如き）、両集団の間の文化的距離は著しく接近するであろうが、しかし一度限り獲得されてしまった骨格や皮膚の色の相違等は、はたして何年後に同じになるであろうか。性格学や身体精神医学等の教えるように、人間の心理と肉体とはきわめて密接な関係にある限り（Corman et Longnet, Structure morphophysiologique en psychiatrie, Paris 1954; F. Alexander, La médecine psycho-somatique, trad Fr. Paris 1952）、皮膚の色や骨格の相違はそのまま心理構造の相違を物語っていると考えられるのである。

歴史的に日本民族の外来思想受容の仕方を考察してみても、外来思想が日本の伝統的なものの考え方、感じ方によってしばしば著しく本来の姿を変えていることが、換言すれば、日本人によって日本的変容を受けることによってはじめて日本の精神的風土に根をおろしていることが窺えるのである。例を仏教にとってみても、六世紀に日本に渡来した仏教が日本の精神的風土に根をおろすには、ある意味では印度仏教の本来の姿がかなりの変容を受けたと思われる鎌倉仏教の出現（渡辺照宏『日本の仏教』岩波書店）を待たねばならなかったのであり、又印度仏教本来の無常観が無常感となり無常美感となってはじめて日本に根をおろしたという事実等は（亀井勝一郎「無常感」『日本文化研究』第三巻所収）、日本人が自己に固有な心理構造による実在感覚を絶えずもち続けてきたことを意味していたと思われるのである。鈴木博士のいわれた「日本的霊性」も、この日本人の心理構造よりくる実在感覚として理解しうるであろう（鈴木大拙『日本的霊性』大東出版社）。

私はもとより外来思想無力説を支持するわけでもなく、外来思想、たとえば仏教が日本人の持っていなかった新しい世界観を日本人の中にうちだしたという事実をきわめて重要視するものである。しかし、同時に故柳田國男氏が民俗学の立場より指摘されたような面、即ち日本人の意識は常に表面は新しい外来思想のような形態をとってはいても、その底には常に古くからの不変な民間伝承的なものが流れているというような面は、キリスト教と日本人との出会いを考える上にやはり無視できない重要な点を含んでいるように思われるのである。

日本人にとって自己に固有な心理構造による実在感覚を失うことが自己崩壊の危機を意味し、決してこれを失うことがないとするならば、キリスト教はその本質を失うことなしに、如何にして日本の精神的風土に根をおろし得るか、ここに日本のキリスト教に課せられた最大の課題が存しよう。もしもキリスト教が他民族のうみだした単なる一文化であり一思想であるならば、問題の解決は不可能であろう。しかし歴史を通して啓示されたとはいえ、キリストの教えは絶対者からくだってきた上からの教えであり、それ自体は完全に超文化的な普遍的な教えなのである。そこに西欧的キリスト教は日本化によってかなりの変容をうけたとしてもキリストの教え自体は日本化によって何等他民族のうみだした文化や思想の如く本質的変容をうける必然性を持たない理由があるのである。

ここで私たちは、キリスト教が今迄に只一度だけ、全く自己の定着してきたのと異質な文化をキリスト教化した歴史的事実を、即ちユダヤ文化をになってきたキリスト教が、如何にしてギリシャ・ローマ文化のうちに定着したか、このユダヤ的キリスト教とギリシャ・ローマ文化との出会いを考察してみたいと思う。

二

キリストの教えそれ自体は、文化的地域的差異を全く超越した神からの語りかけであるとしても、キリストも使徒たちも生粋のユダヤ人であったことを考えれば、ユダヤ化されたキリスト教がギリシャ・ローマ文化圏に進出したさい、そこに重要な問題の生じたことはただちに考えられる事実であろう。使徒パウロによる地中海沿岸の第一次伝道旅行の後に、紀元五〇年頃おこなわれた〈エルサレムの使徒会議〉と呼ばれている使徒たちの会合は、ユダヤ的キリスト教がユダヤ人以外のヘレニズムの世界との出会いにおいて生じた最初の重要な課題を解決すべき使徒たちの会合であった（使徒行録一五章）。当時エルサレムの教会においては、使徒たちも含めてキリスト者は皆ユダヤ教の人々と同じく忠実にモーセの掟を守り、神殿の儀式にあずかり、ユダヤ教の民族的な慣習に従って祈りや食事をしていた（同二章四六節、五章一二—四二節等）。キリストの死後二十年ばかりの当時の初期キリスト教が、著しくユダヤ的色彩をおびていたことは明らかな事実である（L. Cerfaux: La communauté apostolique, Paris 1956）。ユダヤ化されたキリスト教からできるだけユダヤ的民族的色彩を除去して、ユダヤ民族以外の世界にキリストの教えを伝えようというのがパウロを主とする一団の信徒の努力だったのであり、その主張が使徒会議で認められてはじめて、キリスト教はギリシャ・ローマの文化圏のうちに土着することができたのである。

ストアの哲学によって代表されるヘレニズムの哲学が、東方文化との接触によって著しく道徳的宗教的色彩をおびていたとはいえ、キリスト教のひろまった時代でさえ、ギリシャ文化は深く科学と哲学の論理と知性の精神を人々のうちにうえつけていた。この知性と論理の客観主義を標榜するギリシャ文化とユダヤ的キリスト教とが出会った時、そこに対立と受容を通して、西欧的キリスト教神学の歴史が始まるのである。ギリシャ文化をになってきた人たちが、この出会いにおいて、いかに自己の文化と実在感覚とを失うことなくキリスト教と対決しこれを自己のものとして受けいれていったかを、私たちは何人かのもっとも著名なキリスト教思想家たちを概観することによって理解してみようと思う。

キリスト教を文筆をもって弁護した護教家といわれる人々のうちで、二世紀においてもっとも秀でた思想家は恐らくユスティノス（一〇〇？―一六五？年）であろう。彼はキリスト教哲学とキリストの優越性を明白に認めながら、同時に自己の育ったギリシャ文化のうちに含まれている真理を認め、そのキリスト教的価値を深く見きわめようとした思想家であった。「キリストは神から生まれた最初のかたであり、全人類が参与している神の〈御言〉である。……〈御言〉に従って生きた人たちは、たとえ無神論者として生涯を送ったとしても、ギリシャのソクラテスやヘラクリトスやそのほかこれに類する人々のように実はキリスト教徒なのである」（Justinus: Apologia I, 46）。それ故彼はキリスト教と哲学の間に何等の対立も置かず、彼にとってはキリスト教は最高の哲学なのであった。もし人がユスティノスを合理主義者、知性主義者と解するあまり、真のキリスト教精神を失った西欧十八世紀の合理主義者たちと同一視するならば、それは著しい誤解であろう。「ギリシャの思想家たちは、彼等が自分の中に頂いた〈御言〉の種子によって真理をおぼろげながら認めることができた。しかし夫々この能力に応じた種子を所有していることと、キリスト自身を所有していることとは全く別問題なのである」（同 II, 13）と彼が言った時に彼はギリシャの知性的な実在感覚を全く失うことなしに、しかも二世紀のキリスト教を代表する完全なキリスト信者だったのである。

二世紀の護教家たちについでおこったのはアレクサンドリアの思想家たちであって、教理学院の院長であったクレメンス（一五〇?―二一五?年）やその次代のオリゲネス（一八五?―二五四年）に至って、ギリシャ哲学こそ異教徒をキリストに導く補導者であると考えられ、ストア学派やプラトン、フィロン等の学説が賢明にキリスト教の神学体系のうちにとりいれられるに至ったのである。クレメンスは、プラトンの学説に影響され、罰と浄化とを混同している点において（Clemens Alex: Paid., I 8. 67）、ギリシャ哲学の影響をあまりに強く受けすぎているとはいえ、彼が信仰と知性の調和を正しく評価したキリスト教思想家であることは疑う余地がない。

オリゲネスは、恐らくアウグスチヌス以前の古代教会における最大の思想家であったが、キリスト教とギリシャ哲学の関係については、無意識的にクレメンスよりも更にひどくギリシャ的要素に影響されてしまった感があった。人間の霊魂や世の終りに関する学説において明白な誤りをおかしたとはいえ、彼がキリスト教思想家であったことは否定できないことであろう。

このギリシャ思想とキリスト教の融合の傾向は、ギリシャキリスト教思想家として有名なヨハネ・クリゾストム、バジリウス、ナジアンズのグレゴリオ、ニッサのグレゴリオの四人において殆ど典型的な形をもつに至った。彼等は才能においてはオリゲネスに劣るとはいえ、ギリシャ文化に精通していると同時に、完全にキリスト教の精神を代表した思想家たちであった。ニッサのグレゴリオは、プラトン哲学の概念によって三位一体の教義を説明せんとし、バジリウスはギリシャ文化のうちに人々を神へ導く道を認め、青年たちにギリシャ文学研究の必要を説いた。又私たちは、クリゾストムやナジアンズのグレゴリオの説教に接する時に、その奥に多少東洋的な匂いを感じるとはいえ、キリスト教化された真のギリシャ文化の美しさを味わうことができよう。西欧の思想史にその基盤を置いたとさえいわれる天才アウグスチヌスについては詳述するいとまを持たないが、キケロの著作によって回心した彼が、全く正統的なキリスト教思想家であると同時に、いかに深く新プラトン主義の影響を受けているかは彼の広大な著作をみれば明らかであろう（初期のキリスト教思想家の思想及びギリシャ哲学との関係については、Dictionnaire de la théologie catholique 中の Arnou: Platonisme des Peres の項参照）。十三世紀トマス・アクィナスが、当時の強い反対を押し切って、アリストテレスの哲学によって自己の神学体系を打ちたてるまでは、アウグスチヌス的プラトン主義が完全にヨーロッパのキリスト教思想家を支配するに至るのである（E. Gilson: La philosophie au moyen âge, 2e éd., Paris 1952）。

私たちが古代キリスト教思想を概観してまず感ずることは、著名な思想家の殆ど全員が例外なく、程度の差こそあれ、プラトンを主とするギリシャ思想から実に多くの影響を受けているということである。ヘブライ人の思惟においては、プラトンのような霊肉の二元論的考え方が存在しないということや、又認識は何等ギリシャ的な客観的、知性的認識を意味していないという事実を思う時に（C. Tresmontant: Essai sur la pensee hebraiqne, Paris 1956. ボーマン『ヘブライ人とギリシャ人の思惟』植田訳、新教出版社）、初期キリスト教思想の主要テーマであった知性と信仰の問題及び思弁神学の発生は、ギリシャの知性文化圏にキリスト教が進出した時にはじめて重要なものとして浮かびあがってきた性質のものであり、他の文化圏との出会いにおいては問題のとりあげられ方は恐らく非常に違った形においてなされたであろうと推測されるのである。

確かに創造の問題やキリストの十字架による人類の救済等の問題において、これらの思想家たちは正統なキリスト者であり、キリストの教えといかにしても矛盾するような学説はこれを排除する態度をとっており、その意味において、思想においては相当な変容をキリストの教えから受けたとしても、その根本の心理構造からくる実在感覚は決して自己のものを失ってはいなかったのである。彼等がユダヤ人となることなしに、完全に自己の文化圏内の一人として、キリストの信仰を生き抜いたが故に、キリスト教はギリシャ・ローマ文化に土着することができ、ヨーロッパ文化を美しいキリスト教文化として開花させることができたのである。

三

自己に固有な文化の伝統的思惟方法と実在感覚とに忠実に、初期のギリシャ・ローマ文化の思想家たちがキリストの教えを受けいれ、これを完全に自己の精神的風土に土着させたのに比して、私たち日本人は、明治の文明開化以来はたしてどのような態度をキリスト教に対してとってきたであろうか。

歴史的にはキリスト教は人間文化と無関係に、キリスト教そのものという純粋な形では決して存在しなかった。常にある一定の文化のうちに土着したキリスト教であり、いってみればそれは、ユダヤ的キリスト教であり、西欧的キリスト教であり、更には西欧封建的キリスト教であり、西欧ブルジョア的キリスト教であった（J. Daniélou: Essai sur le mystére de l'histoire, Paris 1953）。明治以来約百年の日本におけるキリスト教の布数方法や、その結果を考察するに、西欧文化がキリスト教文化であるところから、キリスト教とキリスト教文化とを混同、同一視して、キリスト教を受けいれることがただちに西欧的キリスト教を、詳しくは西欧ブルジョア的キリスト教を受けいれることであるとし、西欧の生活感情や実在感覚をもって西欧化されたキリスト教をそのままの形で日本人は無理に受けいれようと努めたのではなかっただろうかと結論せざるをえない。前述した如くに、他の思想体系であれば、これを既製品として適当に日本化して受けいれることも可能だったであろうが、キリスト教の信仰そのものが単なる書斎の中の思想や生活の教養としてのアクセサリーではなく、全人格的な実存的行為であり、全生活であることを要求する以上、日本人は自己固有の実在感覚、更には心理構造を失う自己崩解の危機を西欧キリスト教の受容にあたって感じとったのであろう。そうであれば、日本人が西欧キリスト教に対し頑強な抵抗を示したのは、むしろ当然のことと言われなければならないであろう。

中村元氏は日本人の思惟方法の特徴として、自然愛好、現象界における絶対者の把握、直観的情緒的傾向、個の自覚の稀薄性及び人倫重視的傾向などを挙げておられるし（『東洋人の思惟方法』第三巻、春秋社）、国文学の泰斗故折口博士は、日本文学の、外国文学に比しての特徴を、〈もののあわれ〉、〈わび〉、〈さび〉などを更につきすすめて〈貴種流離譚〉に、〈さすらい型思考〉に求めておられるが（『折口信夫全集』第七巻、中央公論社）、こういう実在感覚は、意外に深く日本人の生活感情の奥にはいりこんでいるものと考えられるのである。もとより社会構造というものがフィルターのような役目をし、生活感情がにじみでてくる時の通路と様態とをある程度まで強く規定していることは否定できないとしても、そのもとの生活感情というものの持つ心理的パターンというか、そういったものまでが変ってしまうとは私にはどうしても考えられぬのである。日本人の実在感覚がどういうものか、それを概念的に明白化することは難かしいことであろうが、それで直ちに日本人文化は存在しないとか、過去の遺物でもはや現在低い価値しかもっていないなどというのは大きな誤りであろう。概念のないところには全く思想がない、という時には既にそのうちに西欧的思想のみを、真の思想とする価値判断が含まれているのであって、概念による実在把握の西欧的立場に対して、超概念的な直観や体験による実在の把握にも、西欧のそれと異なった客観的価値を認めうると私は思うのである。武士道、茶道、俳諧などを通じて禅が日本文化にあたえた影響はこの上なく大きいものであろうが、しかし又逆に禅的な不立文字、教外別伝、行雲流水的な実存感が日本人の心理構造に照応していたからこそ、日本人の実存感覚がそこを通して自己を展開したとも考えられるのである。いうまでもなく、武田氏の言われる如く、日本の文化や実在感覚を尊重し、日本人の生活感情に根をおろすことを考えるあまり、キリスト教がその本質を失うまでに変容され、完全に日本のうちに埋没してしまうことは絶対にさけられねばならない（武田清子『思想史の方法と対象』中の「キリスト教受容の方法とその課題」創文社）。キリスト教の日本化にあたって、その危険をさけるために、西欧初期のキリスト教思想家たちがしたように、何よりも日本のキリスト者がまずキリストへの信仰の優位の立場に立って思考し行為しなければならないことはもちろんである。しかしその上に、彼等が自己に固有なギリシャ文化をキリストへの補導者であり、又ソクラテス、プラトン等のギリシャ思想家たちをすでにキリストの光と恵みを受けたものと考えていたように、日本のキリスト者は祈りとサクラメントを通して上からのキリストの光をいただきながら、西欧の習慣や思想をキリストの教えと混同せず、日本文化と日本文化をになってきた思想家たちをキリストへの補導者と考え、聖書のなかのキリスト像を直視し、キリストの愛を一人一人の生活のうちに実現していかなければならない。それ以外に日本のキリスト教化の道はないように私には思えるのである。キリスト者となることによって、日本人は西欧人となるのでもなく米国人となるのでもない。かえってキリストの光によって、日本人の実在感覚は更に美しく磨かれ、日本人はより一層日本的になるのである。

当時のユダヤ人たちの憬れのまとであったソロモン王の繁華のきわみよりも、素晴らしい宮殿よりも、ガリラヤの谷間に咲き乱れるアネモネの一輪の花のほうがもっとはるかに清楚な美しさをもっているのだと、キリストが人々の前に説明した時、その貧しい一輪の花にむけられたキリストの心は、日本人のキリスト者が、ほかの誰よりも、恐らくはもっと親しい実感をもって自分の心に受けとめることができるのではないだろうか。

信者の一人一人が完全な日本人のキリスト者となって、現代の社会を生きぬいていく時にはじめてキリスト教は真に現代の日本人のものとして日本の精神的風土に根をおろすに至るであろう。

付記

キリスト教の日本化という、実に多くの問題をふくんだ広大なテーマの為に論述が広範囲にわたり、多くの疑問や問題点がそのまま残されてしまったような形になってしまったことをお詫びします。カトリック、プロテスタントなどという小さな区別にこだわらずに、キリストと日本を愛する多くの読者の方々の御批判と御叱責とを頂ければ幸甚です。

テレジアと現代日本の教会

テレジアは一八七三年一月二日、フランス・ブリュターニュの小さな町アランソンに、九人姉妹の末っ子として生まれ、十五歳でカルメル会に入会した後、一八九七年九月三十日、二十四歳の短い生涯をカルメル会のうちでとじました。一見、はなやかな、人の目をひくなんの業績も残さなかったこの聖女を、教皇ピオ十世は今世紀最大の聖人とたたえ、ピオ十一世は布教の保護者とまでされたのです。日本人として、しかも今、信者として、神からえらばれた私たちは、皆一人一人キリストの愛を日本の土地にうえつける使命をになっていると思うのです。この意味で私は、普通、「霊的幼児の道」として知られているテレジアの霊性を内面からさぐってみて、時代的文化的制約を越えて、今なお私たちが学びとらなければならない聖女の聖性の秘訣と教訓とを、できる範囲でみつめてみようと思います。

テレジアの生活の根本であり、基調をなしているものは信頼でした。この神の憐れみの愛への信頼は、テレジアの生涯とともに成長してゆき、いわば全生涯をつらぬいて奥底を流れてゆくライトモチーフとも言うことができるでしょう。

聖女は、その自叙伝のうちで自分の確信を次のように言い表わしています。

「ああ、私はたとえ人が犯しうるあらゆる罪を、自分の良心に感じたとしても、決して信頼を失うことはあるまいと思います。その時には痛悔にうち砕かれた心をもって、救い主の御腕のうちに身を投げますでしょう。私は聖主が放蕩息子をお愛しになるのを知っておりますす。またマリア・マグダレナや姦淫した婦人、サマリアの女に仰せられた主の御言葉《みことば》を聞きました。いいえ、だれも私を脅かすことはできません。私は主の愛と御憐れみとをあまりにもよく知っておりますから……。この無数の罪も、燃えるかまどの中に投げ入れられた一滴の水のように、瞬く間にことごとく、消え失せてしまうことを、よく知っております」(『自叙伝』M・C)。

——どんなに醜い罪も、大きな罪も、神のお許しにならない罪は決してありません。ただ母親を心の底から信頼して、母親の腕の中に、あやまりながら飛びこんでいく幼児のような素直な、単純な心で、神の愛のうちに飛びこんでゆきなさい。私たちの惨めさも弱さも罪も、そのまま神の愛にあやまりながら飛びこんでゆけば、神は本当に喜んで私たちを迎えてくださるのです。——そう聖女は言いたいのでしょう。《小さき者》という意味を聖女は死期も近づいた一八九七年の八月六日、姉のシスターアグネスに自分で、次のように説明していまず。

「それは自分が無にも等しい、神の前に価値のない者であることを認めること、そして幼児がその父親からすべてを期待するように、神さまからすべてを期待することでございます。また小さい者であるとは、自分で何かできるような気になって、実行した徳を自分に帰さないで、かえってこの徳の宝は、神様が必要に応じて使えるように、小さい子どもの手の中においてくださったものであると、認めることでございます……。それから、自分のあやまちを見ても失望しないこと、これも小さなものであるということでございます」(『最後の言葉』)。

自分をこのようにまったく小さなものとみなして、自分を少しもごまかさずに自分の弱さ、惨めさ、罪のすべてを認めた時、聖女は「愛のエレベーター」と、聖女自身名づけた神の愛の御手を見出すことができたのでした。そして、単なる知識としてではなくて、全存在をもって、とらえたこの確信と喜びとを、不安と焦燥のうちにさまよっている人たちに伝えること、それが聖女の使命であったように思われます。

聖女は、その母親の手紙にある通り、一度「いや」と言い出したら、物置きに入れておいても、「はい」と言わないような自分の強情さと、頑固な性質を自分自身誰よりもよく知っていました。また、人の目をひくために、腕のでた服をどうしても着て出たい、というような女らしい虚栄心が自分の心の奥に巣くっているのも知っていました。そして、本来の感受性の烈しさからくる或る種の自分の弱さをも、よく知っていたはずです。聖女自身、聖人伝にでてくる聖人たちとくらべて、「自分と聖人方との間には、ちょうど自然界でいえば、雨の間に頂をかくしている峯と、道行く人の足下に踏まれるつまらぬ砂粒ほどの相違があるのを、いつも認めていました」（『自叙伝』M・C）と記しています。これは、恐らくは聖女自身のいつわらざる実感だったのでしょう。

「もし罪を犯さなかったというなら、それは神をいつわり者とするのであって、御言葉はわれわれのうちにない」（ヨハネ第一の書簡一章一〇節）と、ヨハネも言っています。罪を犯さない人間はいないし、神の前に立って、自分は完全だと言い切ることのできる者もいません。自分を偉い人間だと思い、他人を見下していたパリサイ人よりも、自分の罪を悔いていた税吏や遊び女のほうが、はるかにキリストの心に近かった、といえるのではないでしょうか。

「汝の隣人を自分自身のように愛しなさい」。これは、キリスト自身が十字架上の死を目前にして、何度も私たちに向かって繰りかえされたご命令でした。しかし、本当に私たちは、キリストが命令され、望んでおられるように人々を愛しているでしょうか。真剣にキリストに従ってゆこうとはしないで、安易な気持ちでキリストの言葉を聞き流している時は、まだ本当に人を愛することの難しさは解らないでしょう。自分の行なった、ちょっとした親切や犠牲を、純粋なキリスト教的な愛の行為だと錯覚し、うぬぼれることは、やさしいことかもしれません。しかし、血のにじむ思いで、キリストの御言葉をなんとかして実現してゆこうと努力を続けてゆく時に、私たちは隣人を、キリストが望まれているように愛する、ということがどんなに困難なことかを、骨身にしみて感じるに違いないのです。努力すればするほど、自分の心の奥底に根ざしている傲慢や虚栄や利己心が、霧のように湧いてきて、払っても払っても私たちの心におおいかぶさってきて、時には耐えきれないような焦燥感と、自己嫌悪に苦しむこともあるはずだと思います。しかし、砂山をのぼる時のように、のぼろうといくらあせっても足もとからずりおちていって、ますます目標は自分から遠ざかってしまい、力尽きてもう駄目だとさえ思った時に、はっきりと神の愛と恩恵は私たちの全存在をとらえてくださるでしょう。その神の愛と恩恵は、白紙に塗られた墨のように、はっきりとその記しを私たちの心の奥に残して下さるのです。小さい時から、何よりも聖旨を望み、ただキリストを喜ばせることを望んだ聖女は、殉教者となることを、しばしば切望したほどでした。しかし聖母マリアをのぞけば、誰も生まれた時からの聖人はありません。

「私もよく弱さに陥《おちい》ることがありますが、それに私は決して驚きません……。自分が弱く小さい者であるのを感じるのは、何と楽しいことなのでしょう」(『最後の言葉』七月五日)。生涯の終わりには、自分の不完全さ惨めさを見た時に、聖女はほとんど自然に平和のうちに喜ぶことができたのです。しかし、このような聖性の極致に達するまでには、新しい霊性を生みだすまでには、私たちと同じ弱さをもつ人間として、聖女の努力と望みが烈しいものであればあったほど、やはり何度も骨身にしみて、聖女は自分の弱さを痛感させられたことでしょう。そして、その焦燥と自己嫌悪から、神への愛に自分の目を向けるのには、言い知れぬ努力と祈りとが、聖女の生活のうちに続けられていたのではないでしょうか。自分の数々の欠点を見て失望している修練女に言われた、聖女の次の適切な、そして大胆な忠告は、聖女自身の体験からにじみでてきた言葉だと、私は思うのです。

「私はあなたのお言葉を聞いて、立ちはじめたばかりのまだ歩けない幼児のことを考えます。母親のところへ行くために、この子はどうしても階段の上までのぼろうとします。まず片足をあげて第一段をのぼろうとしますが、駄目なのです。いつも、もとの場所に倒れて、先に進めません。あなたはこの幼児におなりなさい。いろいろな徳を行なって、いつも片足をあげ、聖性の階段をのぼろうとなさい。しかし、最初の一段でもあがれると思ってはいけません。駄目です。けれども、神はあなたから善意だけをお求めになるのです。階段の上から愛をもってあなたを眺めていらっしゃり、いつかあなたの無駄な骨折りに根負けして、御自分で階段を降りて、あなたをだいて、神と永久に離れることのない御国に連れていってくださるでしょう」(『教訓と思い出』)。

信仰生活は、普通、一度に頂きに到達するものでもないし、しかし、またいつも同じ角度で上昇していくものでもないようです。聖女の信仰生活も、よく観察してみると、霊的進歩の上で、いくつかの飛躍が見出されるように思われます。そして、大事なことはその飛躍が、聖女がまさに自分の惨めさと弱さを心の底から痛感させられた、その後でおこっているということでしょう。霧のようにかぶさってくる自己の惨めさ、不完全さから、自分自身への失望へではなくて、更に深い神への感謝と平和の喜びへと飛躍していった点に、まさにテレジアのあの速い聖性への進歩の秘訣があったのです。そして惨めさから喜びへとテレジアを飛躍させるそのバネのような役割を演じていたものは、まさに、聖女の生活の根底を流れ、絶えず強まっていった、愚かなまでの、神への信頼にほかならなかったと私は思っています。

テレジアの教えは、決して一部の人々が誤まって解しているような静観主義でもなければ、信頼という名に隠れて甘い夢をむさぼろうとする受身主義でもありません。なるほど、聖女の言葉を、一つ一つ切り離して取りあげてみれば、そういう解釈が成りたつような言葉もあるでしょう。

「そのような完徳にまで達するのは、ずい分な戦いがあったでしょう」というひとりの修道女の問いに対して聖女は、「いいえ」という答えで応じたこともありました。しかし、これは聖女が聖性というものを、何か自分の力で一歩一歩のぼりつめてゆく山登りのように、正義、忍耐、勇気などという徳を、一つ一つ獲得していって到達するものだという考えを起こさせないために、戦いという言葉をさけて、わざと否定的な返事をしたのだと、私は考えています。聖テレジアにとっては、聖性とは、自分の力だけで決して戦いとれるものではなく、自分の無力を完全に認めた時に、神が御自分で与えてくださるものなのです。しかし、真実に自分の無力さ、弱さを全存在をもって体得する、ということも、そうやさしいことではないでしょう。先ほどの聖女自身のたとえで言えば、最初の一段を昇ろうと全力を尽しきって、傷ついた時でなければ、それはわからないのではないでしょうか。

「聖徳は、これこれの徳の実行にあるのではありません。それは神の御手のうちに、小さく謙遜になり、自分の弱さを知って、聖父の御慈しみに大胆なまでに信頼する心構えのうちにあるのです」(『最後の言葉』八月三日)。これだけの大胆な表現は、全存在をもって体得したテレジアだからこそ始めて言いえた言葉ではなかったでしょうか。この言葉のうしろには、鉄の意志をもったテレジアの、一見全く平凡な日常生活のうちでの不撓不屈の絶えざる努力がかくされているのです。それがどのようなものであるかは、私たち自身が、テレジアと同じ決心と努力をもってキリストに従って歩もうとする時に、何度でも倒れ、傷つき、そしてなお起きあがろうとつとめた時に、はっきりと自分の身をもって知ることができるでしょう。

どんな聖人であっても、社会的、時代的規定から全く自由であるということはありません。もちろんその意味で、テレジアも十九世紀末の西欧社会の規定から全く自由ではなかったでしょうし、その上に、修道女という特殊な立場にあったことも否定できません。なかには、時々そのあまりにも幼稚すぎるような聖女の表現方法を好まない人もいるかもしれません。しかし、文化的、時代社会的差異を越えて、私たちは神の前にいかに生きるべきか、という根本的課題について、テレジアの生涯と教えとは今の日本の私たちに、なお多くのことを教えていてくれるように私には思えるのです。

信徒使徒職が叫ばれ、キリスト教の土着化の問題がようやく真剣にとりあげられてきた今日の日本の教会が、一番必要としているものは何でしょうか。

それは、新しい霊性の確立だと私は思っています。

明治の文明開化以来、他のあらゆる制度や思想とともに日本にはいってきたキリスト教は、二千年の間、西欧文化の母胎をなしてきたキリスト教であり、西欧の文化や生活感情のうちに、完全に受肉していたキリスト教でした。しかし、私たちは好むと好まざるとにかかわらず、私たちの過去の二千年の文化の伝統をになって生きています。確かに世界は徐々に統一化の傾向に向かい、各文化的、民族的領域の差は、次第に縮小してゆくでしょう。しかし、過去は決して無になりきってしまうということはありません。歴史は持続であり、つねに過去をうちに吸収しつつ、現在を突破しているのです。その意味で、西欧文化、西欧の生活感情と一体となったキリスト教を、そのままの形でとりいれてみるならば、服そのものは大変美しいものであっても、自分の身体に合わない他人の服を着てあるいているような、どこかピッタリしない感じがするのはあたりまえのことではないでしょうか。

たとえ、どのように遠まわりに見えたとしても、地味な努力の積み重ねであったとしても、キリスト教の教えを、愛を真に私たちの生活感情のうちに浸透させ、そこから生きた新しい霊性を生み出すためにすべての努力を献げること、それが私たち日本人の一人一人の信者に課せられた最も重大な使命であると、私は確信しているのです。

テレジアが自分で言うように、聖女はその生涯を通じて、ひたすら神を喜ばせるためにのみ、聖旨の実現のために努力しました。

「私を満足させる唯一のもの、それは神の聖旨を行なうことです」（『最後の言葉』八月三十日）。聖女は死ぬ一カ月前に、ほっきりとこう断言しています。そしてそのためには、どのような苦しみをも殉教をも辞さない決心を持っていました。しかし聖女自身カルメル会入会当時も、その理想と現実との間には常に大きなへだたりがあるのを痛感していました（一八八八年三月、姉のポーリンにあてた書簡）。自分のできないことは、キリスト御自身が自分に代わってして下さる――この子どものような、愚かなまでの信頼を一生懸命心のうちに握りしめながら、自分だけでは決してのぼることができないと解っている神への階段の第一段をのぼろうとする血のでるような聖女の努力が、平凡な日常生活のうちで、快活さと微笑のもとに繰り広げられていったのです。やがて神は、聖女が望んだように、自分で聖女を自分のもとに引き寄せられるでしょう。「『主我を殺したもうとも我主に依り頼まん。』（ヨブ記十三の十五）という言葉に私は小さい時から魅惑されていました。しかし、そこにまで信頼してお任せするまでには私には長い年月が必要でございました。私は今そうなっております。神様が御自分で私を腕のうちにおとりになってそこに置いてくださったからでございます」(『最後の言葉』七月七日)。聖女自身が告白しているように、突き破ることもできないと思われるような厚い雲の向こうに、キリストが隠れてしまわれたと感じるような時でさえ、傷つきながらも、倒れながらも、その向こうには愛の太陽が輝いていることを信じて、テレジアは最初の一歩を階段にかけようと努力し続けたのです(『自叙伝』M・B)。そこにテレジアの偉大さがありました。そしてその努力があってこそ、聖女は初めて「すべては恩恵です」(『最後の言葉』六月五日)と、絶対の確信をもって断言することができたのです。

私たちが今、信者として生きているということは、決して偶然のことではありません。神が私たちを創り、自分の子として召された以上、神が私たち一人一人に望んでおられることを、聖旨を、共同体の一員として最も美しく完全に実現してゆくことが、私たち信者の使命であり、第一の課題でなければならないはずです。新しい霊性は、決して砂漠の真中に突然咲き出た一輪の花のように奇跡的に出現してくるものではないでしょう。それは共同体の一人一人が神の聖旨を真剣に生き抜くことによって、初めてその共同体に与えられるものなのです。

静かに私たちを神の御前に置いて、私たちの生活をテレジアの生活とくらべてみたとき、私たちがテレジアから学ばねばならないものは何でしょうか。換言すれば私たちにいちばん欠けているものは何でしょうか。それは才能よりも、事業よりも、何よりもまず勇気であり、努力であり、その根底を流れる神の愛への無条件の信頼ではないでしょうか。

テレジアは聖旨であるならば、どんな困難をも辞しませんでした。軽蔑も迫害も、たとえ誰からも理解されない殉教であったとしても、それが聖旨なら少なくともそれに従ってゆこうとする勇気を私たちは今、持っているでしょうか。もちろん弱い私たちは自分の力でそれを行なう自信はありません。しかし、テレジアにもそれはなかったのです。ただ聖女は、必要な時には必ずその力を与えてくださるという絶対の信頼を持ち続けていたのでした。私たちに欠けているのは、この愚かなまでの信頼にささえられた断固たる勇気ではないでしょうか。苦しみを嫌い、孤独を恐れ、私たちはあまりにもしばしば聖旨の前に自分をごまかして生きてはいないでしょうか。

テレジアの生涯は修院の禁城の中での、目立たない、家庭の主婦やサラリーマンの生活のような平凡な毎日の連続でした。しかし、その平凡な生活のうちで、病にむしばまれながらも、聖女はその全努力を祈りと隣人愛に注ぎ込んでいったのです。そして、自分のどうしてもできないことは神が代わってして下さるという確信は、次第に聖女の心のうちに築かれてゆきました。テレジアの『自叙伝』特に草稿Cと、『最後の言葉』を読めば、誰でも聖女の隣人愛への英雄的な努力に驚かされるでしょう。聖女の神の愛の体験とそれへの絶対の信頼は、この隣人愛の驚くべき努力の上に築かれているのです。

教会の歴史を眺めてみれば、真実に教会が新しい霊性を必要とした時には、神は必ずそれを教会に与えられました。もし今、それが日本の教会に必要であるならば、神は必ずそれを与えてくださるはずです。私たち一人一人が、ほんとうに神秘体のうちで自己の使命に徹し、たとえ自分たちだけの力ではできないと解っていても、絶対の信頼のうちに勇気をもって不断の努力を続けてゆくならば、必ず新しい霊性の息吹きは日本の教会に与えられるでしょう。私たちは、まず愚かなまでに神の愛を信頼すべきだと思います。

日本の精神的風土とキリスト教・序論

一

歴史とは神の創造の業の継続であり、持続である。従って歴史とは一瞬一瞬無にかえってしまう単なる瞬間の継続ではない。その意味で歴史においては過去は単なる過去としてすぎさり、なくなってしまうものではなく、ある意味では現在のうちに生き続けているものであり、歴史は過去のすべてを自己のうちに包みつつ、現在の一点を突破しているのである。二十世紀は歴史を発見した世紀であると言われるが、確かに、人間存在とは歴史を形成してゆく存在であり、その意味では、歴史—内—存在とも呼ばれうるものであり、歴史を持たない他の存在物とは明確に区別しうるものであると思う。歴史においては、A及びBという過去

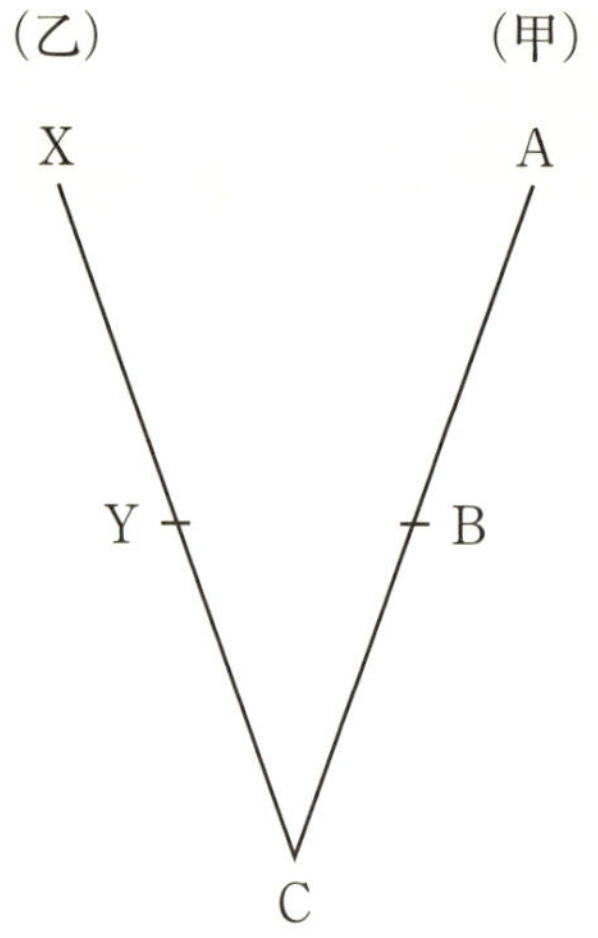

をになってCという地点に達した甲の場合と、X及びYという全く違った過去をになって同じCという地点に達した乙の場合とをC点において歴史を切断して眺めた場合、一見両者の間にいかに多くの類似、接近点が見出されるとしても、A、Bという過去が甲の場合Cのうちに生き続け、一方X、Yが乙の場合Cのうちに生き続けている以上は、甲の場合と乙の場合は、同じC点における類似にもかかわらず、その奥深い内部構造においてはやはり性質を異《こと》にしたものがあると考えられるのである。従って、既に論じた如く（前々章「キリスト教の日本化」）、いかに近代の技術文明が世界を等質化、均一化の方向にむかって発展させようとも、それらが二千年の過去の歴史を、まったく完全に無に還元してしまうなどということは、到底考えられないことであろう。

　人間の所産としての諸文化と、それらを培ってきた精神的風土を、いわば平面的なものと考えるならば、キリストの福音は、それに垂直におりてきた神のパン種なのである。パン種が各々パンの特色を破壊せずにそれをふくらませてゆくように、キリストの福音は各文化の特色や精神的風土を破壊することなしに、これを浄化し、完成させ、新しい生命の息吹きをあたえてゆくのである。もちろん、一つの文化がキリスト教化される過程において、それが清められ、完成される際に、いくつかの誤った要素が切り捨てられねばならないことは認められねばならない。しかし、それは一つの文化が真の意味で完成され、新しい生命を得る為に常に必要な過程であって、それはその文化の真の完成でこそあれ決してその文化や精神的風土の破壊を意味するものではないし、又破壊するものであってはならない筈である。ドゥ・リュバック師の指摘する如く、カトリック・普遍的であるということは、全文化を色あせたユニフォームな姿に破壊し、塗りつぶしてしまうことではなくて、お互いの特長を生かしつつ、これを自分のうちに包みこむ有機体的統一を意味しているのであり、それでこそ教会はラテン的でもギリシャ的でもなく、真に普遍的な教会なのである（H. de Lubac, Catholicism 英訳 London 1950）。その意味でキリスト教を一つの文化形態と不可分に結びつけて考えることは単なる誤謬のみならず、大きな危険をもはらんでいるのではなかろうか。確かに西欧文化がキリスト教文化であることを私は否定しようとは思わない。しかし、西欧文化の基体をなすギリシャ、ローマ文化のみが唯一のキリスト教への準備段階であり、神の救済の計画においては西欧文化のみが過去、現在、未来を通じて唯一のキリスト教文化であるという如き考えは、神からのものと人間からのものとを混同した全く独断的な考え方といわざるを得ないであろう。むしろ他の諸文化をもキリスト教文化たらしめてゆくことこそ教会の使命ではなかろうか。

確かに、ギリシャの客観的知性主義は、概念によって他人に伝達しうる伝達可能な知識として普遍的な価値を持ち、人類共通の宝であろうし、又近代の技術文明がギリシャ、ローマ文化からうまれてきたことにも、ある種の必然性が見出されるであろう。しかし、それだけが唯一の普遍的な立場であり、他の立場はやがてそれに吸収されるべき主観的な誤謬の立場であるとはいいきれないであろう。自然科学の客観的立場というものも、究極には自然界から数値に還元しうるもの、再現可能な現象をぬきだして、それを統計的に究明してゆく立場であると言えるならば（中谷宇吉郎『科学の方法』岩波新書）、それも実在に面した一つの立場ではないであろうか。もしそうであるならば、近代技術化による世界の工業化は表面的な類似と接近をうむであろうが、ドゥ・リュバック師のいわれるように決して各文化の根底にひそむ実在体験を破壊しつくすことはないであろうし、又破壊しつくすことはできないであろう。

近代技術がいかに進歩しようとも、科学は人類から芸術を追放することはできないし、又科学は道徳にとってかわることはできないであろう。芸術も道徳も（この場合、芸術哲学、倫理学をさすのでなく、美や善を創造してゆく行為そのものをさしているのである）実在を抽象することによってとらえ、伝達可能な知識をつくりあげようとする科学とは質を異にし、美と善をレアルな行為の立場からつくりあげるものだからである。一本の草花を前にして科学者がその草花を学的に分析し、その要素を列記する時に、その科学的結果は確かに真であり、その判断は実在の一部を正しくとらえているに違いない。しかし、同じ草花を前にして、一人の詩人がその花を詩にうたい、一人の画家がその美に感動してこれを画面にあらわす時、これらの詩人、画家のとらえた草花は科学者のとらえた草花と同じ程度に、否、或いはそれ以上に草花の実在の一面をとらえていると言えるのではないだろうか。歌人斎藤茂吉は、自分の歌風の根底に実相観入ということを置いたが、このアララギ派の歌人にとってレアリズム写生とは、決して外から存在物を眺め、それをとらえることではなくて、存在の内面に飛込んでこのものをとらえることであり、ベルグソン流に言えば、直観によって持続を内面からとらえることなのである。外側から理性によって存在物を抽象的にとらえる伝達可能な実在の認識にたいし、実在から抽象された概念によらずに存在物を内面からとらえる認識も、やはり実在にたいするすぐれた人間の認識であり、この両者は相補ってより高く深い人間の実在の認識を完成してゆくのだと私は思うのである。

この認識を、前者の概念による抽象的な伝達可能な認識にたいして、概念によっては伝達不能な〈出会いによる認識〉と呼ぶとすれば、この実在に面しての異ったしかし互いに相補うべき立場において（この実在に面して、主体のとる立場とそれによる実在への接近の仕方を私は実在感覚と呼ぶが）、特に日本文化をつくりあげてきた日本民族の実在感覚を、出会いによる認識の立場であると考えてさしつかえないのではないかと私は思うのである。今、このことを少し明らかにする為に、まず簡単に出会いによる認識の説明と、存在の構造について論じ、その点から日本民族の根本的精神性に一つのスポットをあてて、その特徴を解明してゆきたいと思う。

二

「それは何ですか」と問われた時、私達は普通「それは花です」とか「それは虫です」とか答える。それはその問われたものが、馬でも人間でもなく、それらのものとは区別された花という言葉によってしめされる存在物であるということを意味しているのであり、更にいえば、花という言葉、概念によって、私達は花を馬や人間から区別し、花を花たらしめている花の特性を示しているのである。いまこの存在物のうちで、理性によって第一にとらえられ、その存在物を他から区別している何かを存在物の本質と呼ぼう。ジルソンが明確に指摘する如く（E. Gilson, L'être et l'essence, Paris 1948）、存在を本質に還元してしまおうとすることが、プラトン以来の西欧哲学の常に陥ってきた誤謬であって、本質は決して存在物のすべてではないのである。今私がこの原稿を書いている机の上の風にゆられている一輪の花を眺めてみよう。次に目をつぶって頭のなかで同じ一輪の花を思い浮かべてみよう。この頭のなかで想像された一輪の花は確かに実際に存在している花のもっているすべての性質をそなえているだろう。その意味では、カントが『純粋理性批判』のなかで指摘したように、花という言葉で示されている花の性質のすべては、頭のなかで考えられた花も、実在している机の上の花もまったく同じに所有しているのである。しかし、カント自身も認めているように、カント自身の例によれば、ポケットに百ターレルを持つことは、単に頭の中で百ターレルを持つこととは違うのであり、今の例で考えれば、机の上で風にそよぐ一輪のバラの花は、明らかに単に頭の中で考えられた一輪のバラの花とは違うのであり、それ以上の価値ある何かを所有しているのである。それではそれは、どこが違うのであろうか。その違いは、机上の花はその花がまさにそこに実存しているという、その実存の事実に他ならない。たとえこの実存しているという事実は、分析的な我々理性の直接的な対象とはならず、理性の直接的な対象は存在物の本質であったとしても、この実存の事実が、まさにその存在物に最高の価値をあたえているのである。極端なたとえをとれば、本質とは目まぐるしく回転している実存の周囲にできてくる表皮のようなものとも考えられよう。輝いている太陽は直接には我々の視覚の対象となることができず、くもりガラスを通して初めて見ることができるように、この実存の輝きは、直接に分析的理性の対象となることはできず（それは本質である）、我々は概念によってではなく、只判断によってのみこれを理性の対象とすることができるのである（L. B. Geiger, La participation dans la philosophie de St Thomas, Paris 1953; J. de Finance, L'être et agir, Paris 1945 参照）。しかし私は今ここで、通常の分析的理性の判断による存在物の実存への到達以外に、この実存との出会いによる認識とでもいうべきものが可能ではなかろうかということを考えてみたいのである。

今、ここにリュウマチで苦しんでいる病人がいるとする。医者は、たとえ自分自身がリュウマチにかかったことがなくとも、リュウマチというのはどういう病気であるかを、色々と私たちに学問的に説明することができる。しかし、この医者のリュウマチに関する認識とは別に、このリュウマチにかかっている病人は、たとえ私達にリュウマチとはどういう病気かについてはっきり言葉で説明できないとしても、身をもって、リュウマチとはどういう病気かを体験的に知っている筈である。それは医者の持っているような、伝達可能な概念的認識ではなくとも、リュウマチという病を自分が共に生きていることからくる伝達不能な、しかし客観的認識なのである。恐らく彼は、最も親しい人間にさえも、どんなに言葉をつらねてみても、どうしても自分の苦しんでいるリュウマチという病を完全には人に説明しつくしえない言葉の限界を嘆くにちがいない。恋愛論を一冊の書物にまとめることはできなくとも、恋している人は、恋とはどんなものかを自分の肌ではっきりと知っている筈である。このような、共に生き、そのものと出会うことによって把握する、概念によっては伝達不能な認識を、私は先程〈出会いによる認識〉と呼んだのであるが、私は一つの存在物を認識するさいに、その本質を探求し概念を媒介として存在物を知る分析的理性による認識の仕方（学問と称せられる一般に伝達可能な認識はすべてこの種の認識である）のほかに、実存との出会いによる認識というか、概念を媒介とすることなく、共に実存する存在物であるという実存の事実から、この存在物を実存の出会いによって無媒介的に認識する仕方があると思うのである。これは伝達可能な、概念による論理的な認識に対して、伝達不可能な直観的・体験的な認識であるということができるであろう。

日本人の実在感覚の根底を流れるものは、この実存の出会いによる認識ではないだろうか、今私はこの観点にたって日本人の精神性といわれる幾つかの特徴を簡単に解明していってみたいと思うのである。

三

〈美意識・情緒的傾向〉

概念による伝達可能な抽象的認識が学問の根底であるならば、実存の出会いによる、体験的認識は詩の根底であると言いうるであろう（M. de. Corte, Ontologie de la Poësie, 1937, Janr-Mars. Revue Thomist 所収）。美とは何であるかはきわめて困難な問題であるが、美が本質を通して流れてくる実存の輝きであるならば、実存の体験としての詩的体験が審美的性格をおびてくるのは当然のことであり、実存の出会いによる認識を根底とする日本人の民族感覚が審美的なのも又、当然といわなければならないであろう。ある外人が日本人を評して、日本人は一人一人が皆詩人だ、といったが、確かに福田氏の指摘する如く、日本人の道徳観、価値判断の根底を流れるものは美意識だということができるのではなかろうか（『福田恆存著作集』第七巻「日本および日本人」新潮社参照）。一例を奈良朝時代の日本人の仏教、儒教に対する受容的態度にとってみても、当時の日本人は中国人の生活や生活感情をとりいれなかったのみでなく、「あをによし奈良のみやこは咲く花のにほふが如く今さかりなり」と歌われた奈良の都が象徴している如く、むしろ儒教、仏教をも美という観点から眺め、これを受けとったのではなかっただろうか（日本文化フォーラム編、高坂正顕他『日本的なるもの』新潮社）。古代に比して確かに中世はもっと宗教的であり、徳川にはいればずっと政治的になるということは言えると思われるが、しかし林健太郎氏の指摘されるように、それも時代の社会的在り方によって美的、情緒的なものが、多少違ってあらわれたと考えられるのであって、根本的にはやはり美的、情緒的なものによってすべてを処理するということは、歴史を一貫した日本人の態度であったように思われるのである（上掲書『日本的なるもの』）。日本古来の歌道を通じて流れてくる「物のあわれ」、「幽玄」、更には俳諧の「わび」、「さび」も、やはり広い意味で美のカテゴリーのうちにいれられるべきことは明らかであろう（大西克礼『美学』弘文堂）。仏教本来の無常観が無常感となり、無常美感として始めて、日本人の生活感情に滲透し得たということも、このことをよく物語っているように思われる（亀井勝一郎「無常感」『日本文化研究』第三巻所収)。

〈無常感〉

「常に飛花落葉を見ても、草木の露を眺めても、此世の夢まぼろしの心を思ひとり……」とは連歌人心敬の言葉であるが、この中世連歌の無常感はそのまま現在の流行歌や浪曲のうちに生きているのであって(南博『日本人の心理』岩波新書)、この無常という響きほど日本人の心の琴線にふれる言葉は少ないであろう。本質は、本来それ自身では時間を超えたものであり、時間とは無関係であり、不変である。従って本質に敏感な西欧の精神が、うつろいゆくもの、時間のうちに変転する無常感にさほど敏感でないことも、又当然なことであろう。

日本人の文芸史はたしかに仏教本来の無常観に対する抵抗、ないし克服という形をとっているのではあろうが(井手恒雄『日本文芸史における無常観の克服』世界書院)、しかし、現代でも尚多くの読者を持つ『平家物語』、『方丈記』、『奥の細道』などの冒頭の句だけを頭のなかに思い浮べてみても、実存の体験を根底に生きてきた日本人の無常への共感を感じとることができよう。

〈自然愛好〉と〈個の自覚の稀薄〉

悲しい時、淋しい時、そして嬉しい時、日本人の心は常に自然のうちに慰めを求めて憩う。日本人ほど古来自然を愛好してきた国民は少ないであろう。

何年か前、私はベルサイユの宮殿を訪れ、その壮大さの美にうたれたが、しかし同時に、この西欧精神の代表ともいうべき宮殿の美と京都の桂離宮の美との間にある大きな違いをも痛感させられたのである。成程、ベルサイユの宮殿も、桂離宮も共に自然のなかにたってはいるが、その自然との関係というものはおよそ違ったものだという感を受けたのである。ベルサイユの方は、その壮大な建築物が自然のなかに、いわば自然から独立して、自然を従えてたっており、一応自然と切り離してもその建築美を賛え得るような気がするのに対し、桂離宮のほうは、まったく自然との調和の美をぬきにしては、その美しさは殆んど骨抜きになってしまうような性質のものに思われたからである。存在物から本質を抽象しこれを理解しようとする立場が、どうしても精神と自然との対立の上にたっているのに反して、実存の共感の立場が、即自然的な、自然との融合一致の調和の立場にたったことは又自然なことであろう。「たとえば諸君が野原を歩いていて一輪の美しい花の咲いているのを見たとする。見るとそれは菫の花だとわかる。何だ菫の花か、と思った瞬間に諸君はもう花の形も色も見るのをやめるでしょう……菫の花だとわかるということは、花の姿や色の美しい感じを言葉でおきかえてしまうことです」。これは小林秀雄氏の「美を求める心」の一節であるが、まことによく日本人の実在感覚を言いあらわしていると思う。日本人はしかし、自然を愛すると言っても、どちらかと言えば一つ一つの存在物そのものを愛するというよりも、その存在物の根底を貫いて流れている何か実存の場というか、流れというか、そういうようなもの、その存在物を包みこんでいる全体の調和の美といったようなものを愛してきたのではないだろうか。水墨画において余白というようなものが、極めて大切な役割をしめているのは、単に山とか、川とかいう存在物の美よりも、むしろそれを包みこんでいる全体の美というのか、実存の流れの美というか、そういうものが問題とされているからではなかろうか。

見渡せば花も紅葉もなかりけり
　浦のとまやの秋の夕暮

有名な藤原定家の歌であるが、この場合も、そこにあるものが何であるかがはっきりとする必要はない。只ぼんやりと、すべてを包んだ秋の夕暮のほうが、もっとたやすく自然の鼓動を、実存の流れのささやきを私達の心にかたりかけてくれるのではないだろうか。くっきりとうかびでた桜の花よりも、むしろ春がすみのかかった桜の花や、朧月夜を愛する日本人の心情は、やはり個々の存在物の実体や本質よりも、それらの奥を共通に流れている実存の美を感じとろうとしているのではなかろうか。

古池や蛙飛び込む水の音

あまりにも有名な芭蕉の句であるが、この句を英訳した時、まったく意味をなしてこないのは何故だろうか。それはこの句が、古池や蛙や、その蛙の飛込む動作の連関から一つの思想を言い表わそうとしているのではなくて、これらをつつむ自然全体の前に立った詩人がつかみとった、実存の秘義というか、言葉にならないそのものを、何とか言葉を通して凝集しようとしたものが、この十七文字だからではなかろうか。芭蕉の心をとらえたものは、古びた池そのものの美でもなく、蛙でもなく、飛込んだ水の音でもない、実存そのものの秘義であったのではなかろうかと私は考えているのである。

日本人は個の自覚、「我」の自覚が稀薄であるということがよくいわれる。私は西欧の精神性の根底の発想法を代表するものは、何といってもプラトン、アリストテレスによってしめされるギリシャ的なものであり、その特徴をごく大ざっぱにあげれば、それは一つ一つのそれ自身において存在する存在物を実体としてとらえ、その実体のうちに不変の本質を考えたアリストテレスの実体という考え方ではなかろうかと思っている。個別的な実体というものが、本来他のものと区別されて、それ自らで存在しうるものである以上、個別的な実体がまずそれぞれに存在し、そののち（時間的な意味ではないが）その実体間の関係がうまれ、実体の集合により全体がつくられているものと思われる。従ってその根底は個物であり、実体である。しかし、今これと反対に、実体や本質に重点を置かずに、その実存に重点をおいた見方に立って考えてみよう。確かにAという存在物の実存とBという存在物の実存が全く同一の実存である筈はない。しかし、共に実存の事実そのものである以上、全く無関係な異ったものであるということもない筈であろう。それならば、思弁の対象にならない、概念化し得ない実存の動きに敏感な日本人が、他と区別された個別的実体や不変の本質よりも、まず第一に、全実存を貫いて流れる統一性、全体性に敏感なことは当然のことといわなければならないであろう。絵画における余白もこの問題であろうし、風景のみを描くということが中国や日本に比べて西欧においては遙かに時代的に遅れてしかあらわれなかったというのも、色々な理由はあるであろうが、西欧人が限りない自然の風景を一つの実体として絵画のなかに描きこもうとした為ではなかろうかとさえ考えさせられるのである。こころみに日本の古画「那智瀑布図」とデューラーの名作「十字架のキリスト」とくらべてみれば、前者では核心ともいえる神社が自然の調和のうちに融合しているのに反して、後者では自然を背景に浮びあがっているのは明確にキリストの姿であり、ここにも実在感覚の相違を読みとることができると思うのである（鼓常良『東洋美と西洋美』敬文館）。この個物より先に個物の実存を貫く全体性を、実存との出会いによる認識によってとらえる日本人が、又同時に他の存在物、即ち自然や他人に対し同じ実存の流れに浮ぶ個物としての情緒的親近感と連帯感をいだくのは当然であろう。先に述べた無常感や自然への愛好もそこから生じると同時に、又義理人情の日本人独特の世界がそこからうまれてくるのだとはいえないだろうか。「和を以て貴しとなす」というのは聖徳太子の憲法十七条の第一条であるが、まことに日本人は、正しいと思うことを主張して全体の調和の美、人間の和の美しさを崩すよりも、むしろその場は迎合しても全体の美を保つことを重んじる傾向を持っているのではなかろうか。日本人のよく使う言葉のうちに「みっともない」という言葉があるが、これは単なる虚栄心などというよりも、全体の調和の美を破壊する醜いものであるからさけられなければならないと考えられているのではなかろうか。義理と人情の世界は、それが全体の調和の美を保つ為に個人が悲しみも淋しさも自己をも放棄してゆく世界である。義理や人情の為に自己を捧げてゆく人間の姿に悲哀と別れとを共感する日本人の心には、結局は自己を否定しても全体の調和の美を保とうとする日本人の心情があるのであり、その意味では封建社会が義理人情の世界をつくりあげたというよりも、西欧の封建社会にはそれ程のものが存在しなかったことを思い合わせてみる時に、むしろ実存との出合い、体験的認識による実在感覚を根底とする日本人の精神構造が、美意識と全体の調和の重視を媒介として封建社会のうちに表現されたものが、義理人情という特殊なかたちをとったのではなかろうかと考えられるのである。事実日本人が「赤穂浪士」を読み、義士達の心境に共感する時、その態度が道徳的に見て正しいとか、正しくないとか言う以前に、日本人はその美しさを自分の肌で感じとっているのではないだろうか。

現代の流行歌には、「さだめ」という言葉が非常に多く、動詞では「泣く」と「別れる」が圧倒的だそうであるが、これは心中を恋の最も純粋な美しい姿として描いた近松門左衛門の美の感覚につながるものであり、自己を主張し、醜く（日本人には自己主張は美しいとは、そのままではあまり感じられないのではなかろうか）、自己のみの幸いを追い求めるよりも、別れも悲しみも踏みこえて調和の美のうちに自己を沈めてゆく姿を、依然として現代の日本人の大部分が美しいと感じているからであろう。これが、一種の哀調をおびた運命感に流れがちになってゆくのも、当然なことかもしれないと思う。

〈直観的、非論理的傾向〉

存在物から本質を抽象し、そのものの本質から実在へと接近する立場が、思弁的、抽象的であるのに対し、存在物の実存の流れに飛込んで内面から実在をとらえようとする立場が、勢い直観的、具象的となることは否定し難いことであろう。不立文字、教外別伝を標榜した禅仏教が、武士道、茶道、能などを通して日本人の生活感情によくマッチし、これに滲透しえたという事実を一つの例として考えてみてもその事実は明らかであるように思われる。道元は決して学問を軽蔑はしなかった。しかし、禅の悟りの境地は、決して概念により、思想によってとらえられるものではないことも熟知していた。彼は「只管打坐」、ただひたすらに坐禅をするという実践によってのみ、人は真の境地に到達しうるものであることを教えた。それは知性の論理によってではなく、只体験の直観を通じてのみ把握せられるべきものであった。道元が学道参学人の在り方を示したといわれる「重雲堂式」の冒頭に、「道心ありて名利をなげすてん人、いるべし」と書いているが、プラトンがアカデメイアの門にかかげたといわれる「幾何学を知らざるもの、この門を入るべからず」と比べた時、その実在感覚の違いは明らかであろう。「万法すすみて自己を修証するはさとりなり……万法に証せらるるというは、自己の身心、および佗己の身心をして脱落せしむるなり」(「正法眼蔵現成公案」)。自己執着を捨て、真の自己として他に面する時、山は山とし川は川として本来の実存を現成するのであって、それはただ「行」においてのみ実現しうるものなのである。

これは単に禅の世界のみでなく、私意でつくる「為る句」を排し、「成る句」を主張し、「造化に従って造化にかえる」ことを教えた芭蕉の世界にもひとしく通じるものであろう。「内に常に勉めて物に応ずれば、その心の色、句となる」と芭蕉は言ったが、これは物の実存と出会い、これが体験を通して自己に現前した時、それがそのまま句となることをいっているのに他ならないと思うのである。ここでもやはり実存との出会いは知性の論理によってではなく、私意をすて内につとめることにより達せられるのであり、その認識はそのまま概念化し得ないことが強調されているのである。

このことは歌についても言えることであろう。中世の歌人正徹は「幽玄というものは、心にありて言葉にいはれぬもの」（『中世歌論集』）といっているが、歌道も結局は言葉にならない何かを三十一文字にあらわしたものであり、その意味で、言葉にならぬ何か、実存の鼓動の内面的出会いによる把握が問題となっているのである。

真に深いもの、価値あるものは、そこに飛込み、体験によって把握し得るものであって、決して論理や言葉によってそのまま完全に表現しうるものではない、という確信は、分析的、論理的知性の対象である本質の彼岸にある実存の流れそのものに敏感であった日本人にとってきわめて親しいものであり、これは意外に深く日本人の心情のうちに根をおろしているのではないかと思うのである。

〈無心〉

桑原氏は、国民文学とまで称された故吉川英治氏の『宮本武蔵』を分析し、何故宮本武蔵が戦前、戦後を通じてあれ程まで日本人に愛好されているかを探求しつつ、武蔵の徳目を三つの系列にまとめ、第一に修養系列として道・無等を、第二に骨肉愛系列として、骨肉愛・恩・義理・人の和などを、第三にあわれみ系列として無常感・もののあわれ・優しさ、などをあげておられるが（桑原武夫『宮本武蔵と日本人』講談社現代新書）、この吉川文学の目指しているものは、まことによく日本人の心理構造を言いあてているように思われるのである。剣一筋に天地との融合を求める武蔵の修行は、「無」の境地を体験するにつれて深く、高い所に到達してゆく。「剣術、それではいけないのだ。剣道、飽くまで剣は道でなければならない。……小なる一個の人間というものが、どうすればその生命を托す自然と融合調和して、天地の宇宙大と共に呼吸し安心と立命の境地へ達しうるか」、「いくら見ていても円い線はどこまでも円い。果てしなく、屈折なく、窮極なく、迷いなく円い。この円を乾坤《けんこん》にひろげてみるとそのまま天地。この円を縮めてみるとそこに自己の一点がある。自己も円、天地も円、ふたつのものではありえない。一つである」。そう武蔵は言う。ここに吉川文学『宮本武蔵』の世界がある。「不動智神妙録」といわれている、将軍家の剣術御指南番柳生但馬守に送った沢庵禅師の書簡があるが、これを読むと私たちはただちに、この吉川文学の理想とする世界が、「柳は緑、花は紅」の禅の世界に通じる何ものかを持っている、少くとも持とうとしている世界であることを知るだろう。もののあわれ、美、骨肉愛などとならんで、禅の無心の世界は、実存との出会いによる実存の体験から実在を把握しようとする日本人の宗教的心情の端的な表われであると言えると思うのである。

よく日本人の宗教的世界は汎神論の世界であるといわれるが、はたしてそうであろうか。汎神論とは、私には、実体を主幹とする西欧思潮の流れにおける一つの立場であって、スピノーザの哲学が明確に示している通り、神という実体と自然という実体とが只一つの実体であるということを意味しているのであって、そういう意味では鈴木博士のいわれる如く、日本人の実在感覚からいえば、日本人の宗教的世界は決して二つの実体が一つの実体であるという汎神論の世界ではないであろう。本質や実体から出発して実在にアプローチするという西欧的立場がすでに日本人には縁遠い立場なのであって、無といい、空といい、「この山河大地みな仏性海なり」(『正法眼蔵』)といっても、これらは、馬とか人間とかいうような、存在物から抽象されて、その本質を呈示しているような概念ではなくて、むしろ概念化し得ない実存との出会いを何とか言葉でいいあらわそうとした体験的表示にほかならないのであって、表現された言葉から直ちに、これは汎神論だときめつけてしまうことは決してできないと思うのである。「西行の和歌における、宗祇の連歌における、雪舟の絵における、利休が茶における、其貫道する物は一なり。しかも風雅におけるもの、造化にしたがひて四時を友とす。……造化にしたがひ造化にかへれとなり」。有名な芭蕉の『笈の小文』の一節であるが、この「貫道する一なる物」とは、やはり実存の神秘との出会いによる体験を示しているのではなかろうか。

四

以上いろいろな日本人の心理構造の特徴と思われるものを、紙面の都合上簡単にあげてきたが、つまるところ、抽象的、思弁的に本質を通じて実存にアプローチしようという西欧的な実在感覚にたいして、むしろこれと反対に、あくまでも実存そのものに飛込み、実存との出会いによって、直観的・体験的に実在の実相をきわめようとする日本的な実在感覚が以上あげたような色々な心理的な特徴としてあらわれてきたのではないかと私は考えるのである。

さて今、真にキリストの福音の精神を、この日本的な心理的特徴を持つ日本人が生き抜いた時、この日本の民族性は福音の光によってどのように完成され、どのようにキリスト教化されるのであろうか。これがこれからの私達に課された一番大きな課題であると思うのである。もしも、以上のべた如くに、実在へのアプローチが、実在感覚が、西欧とは違ったものであるとすれば、西欧が福音の光によりキリスト教化され、福音の光と西欧民族との出会いによりうまれてきた西欧の神学も典礼も修院の形態も、そのままでは日本人の心情にピッタリこないのみでなく、ある種の反撥をさえ感じさせるのは当然のことであろう。

神概念一つを例にとってみても、神は超越にして内在であり、従ってあらゆる感覚的なイメージを不可能にするものである。しかし人間には、一般に感覚的イメージをえがくことなしにはあるものを考えるということは困難である。アリストテレスの第一原因という考えが明確に示しているように、どうしても超越という側面に敏感な西欧人は、神を考えるにあたって、必然的に、宇宙をつくり、宇宙を支配しながら、宇宙とは空間的にも別な場所にあるものとしての神を想像しがちではなかろうかと思うのである。もちろん信仰のめんにおいて、理論のめんにおいて、あやまちをおかしているわけではないが、宇宙を上からじっと手をひろげて見守っているおじいさんのように神を想像するということは、西欧神概念のカリカチュアとしては当然のことに思われるのである。しかしこのイメージによって示されているような神を考えることは、超越よりも内在に、「しんに深いものは言葉にならないもの」というような感覚をもつ日本人には非常にうけいれにくい考えかたではないだろうか。

ジャック・マリテンのいうように、存在にふれるものは神にふれるものである。もしも芭蕉などの体験が、実存との出会いによる実存の体験であるとするならば、芭蕉などのふれえたものは神であったというのはあまりにも無謀な考えであろうか。その神が位格的な神であり、キリストを通して啓示された神であるということがキリスト教の信仰であれば、日本人に神を示すには、やはりこれらの実存の体験を更に深く突破した地点に神をさし示すべきではないだろうか。

これは小さな一つの例にすぎないが、カトリック要理に代表されている全体の体系についても一つ一つ同じようなことがいえるように私には思われるのである。

真に福音の光が日本人の実在感覚に滲透し、これをキリスト教化した時、日本文化も新しい光のもとに変容し、その真の価値を私達の前に浮かびあがらせる筈であり、その時こそ日本の精神的風土にキリストの教えはがっちりと根をおろすことができると私は確信しているのである。

未来の〈日本の神学〉への期待

「信仰の服従により、人間は神から与えられた啓示に対する自発的な同意によって、自由におのれをまったく神に委ねるのである」。これは第二バチカン公会議の『啓示憲章』の一節であるが、これによっても、信仰とは自己を啓示する神に対して自由に自己を委ねる人間の行為であることがわかる。それが、神のよびかけへの同意である以上、単なる人間の行為のみにとどまらないことは勿論であるが、しかも同時に人間の行為である以上、信仰の対象は同一であっても、信ずる人間がそれぞれ歴史・文化・風土を担うものであるかぎり、生きた信仰の行為にはそれぞれ異なった内容がおりこまれてくるはずである。まして神学というものが、信仰が生活のなかににじみでて、そのにじみでたものが概念化されたものであるとするならば、神学はすぐれて人間の営みであり、人間をまったくぬきにして、神学を考えることができないのは明白なことであろう。

もしある人が、人間は人間であるかぎり同一のものだという本質主義の立場にたって、神学は歴史と文化を超えて自己同一性を保持するものだと主張されるなら、私はやはり、その立場も一つの歴史的・文化的背景を前提とするものだと言わざるをえないであろう。

公会議はさらに、『エキュメニズムに関する教令』のなかで、「啓示された真理の探求において、神に関することを認識し、かつ表明するために、東方と西方ではそれぞれ異なった方法と手段が用いられた」と述べ、東方教会に固有の神学的表現形式があることを認めている。この文章は、直接には東方教会に関するものであるが、何故に東方教会と西方教会の間に神学的表現形式の違いが生れてきたのかを考えてみるならば、それは両教会が文化的・風土的背景を異にしていたからだと考えられるのであり、それをさらに突きつめれば、文化的・歴史的風土を異にした文化圏のうちには、異なった神学的表現形式が生れるものであることを認めたものと言わざるをえないであろう。

故鈴木大拙氏および谷川徹三氏との対話のなかで、湯川博士は次のような意味のことを言っておられる。量子力学の理論を数学的に構成したとき、並んでくる数式は同じだが、その数式の持つ物理的な意味ということになると、各々の科学者の持つ何か意識下のものによって考え方が違ってくる。西洋の物理学者は有という考え方を根底としているので、分析という面が強くでてくるが、どうも無を根底とする私たち日本人には統一という面が強くでてくる。どうも西洋の学者には自分の言うことが理解されないといったような淋しさに似たものを感じる、と。

非常に客観的だと思われている物理学においてさえも、このような違いが生れているということは、いかに人間というものが歴史的・文化的存在であるかということを物語っていて興味深い。

自分に語りかけられる神の御言葉を全存在をもって受けとめる根源的宗教体験から生れてくるはずの神学が、人間——歴史的・文化的・風土的に規定されている存在としての——をぬきにして語りえないことはあまりにも明白なことであろう。

ベルグソンは、ばらの匂いをかいで過去を回想する場合に、ばらの匂いによって過去が連想されるのではなくて、過去の回想をばらの匂いのうちにかいでいるのである、という有名な言葉を残しているが、これはたんに幼時の思い出だけに限らないであろう。日本人の私たちが月を眺めるという気持は外人には理解しにくいものであるらしいが、これは月をみるという単純な行為の底にすら、すでに二千年の民族の文化の伝統が流れているからではなかろうか。

E・フロムは、人間の経験や感情が意識化されるための条件として、第一にその人の属する社会にその経験をあらわす言語が存在するということ、第二にその文化のなかで人々を導く論理に適合した経験内容であること、第三にその社会が成員メンバーに抑圧することを命じていない経験内容であるということ、以上の三つのフィルターをあげて、このフィルターを通過しうる経験のみがその社会のメンバーには意識化され、感情や経験として気づかれうると述べている。B・ヴォルフの言うごとく、言語は生体験の凍結された表現であるならば、たとえばEspritというフランス語の背後にはフランス人の深い生の経験内容がこめられているはずであり、これらの経験内容をそのままあらわす日本語が欠如しているかぎり、多くの日本人にはこの語の持つ意味内容を正確に理解することはきわめて困難なことであろう。

同じことは、スコラ神学が使用している概念についても言えるであろう。もちろんこれは、現代の西欧人にとっても言えることであるかもしれない。そのゆえにこそ、現在西欧でも、現代の神学の問題が大きく取りあげられているのであろう。しかしまったく言語系統を異にする日本の私たちにとっては、その差は比べものにならないほど大きなものであろうことは想像に難くない。先ほど述べたごとく、ラテン語の言語・概念の根底にある根源的生の体験を完全にあらわす言語が日本語にない以上、その根底の体験は日本人には理解困難なものとして残ってしまい、したがってきわめてしばしば、生命のぬけがらのような単なる概念の集積としてしかスコラ神学が受けとられない結果となってしまうのである。反対に、〈もののあわれ〉とか、大乗仏教的な〈無〉とかいう言語をささえる生の根源的体験というものは、それをあらわす言語が西欧になければ、それは西欧人にとって非常に理解し難いものであるに違いない。

二番目の社会に通用している論理についてもフロムは言葉を続けて、多くの人々は、自分の属する文化圏において非論理的なことは他の文化圏においても非論理的であると考えがちであることを述べ、アリストテレス的論理の正しさが疑われないような文化のなかに生きている人々には、アリストテレス的論理に矛盾するような体験に気づくことは、それがナンセンスとしか考えられない以上きわめて困難であると語っている。アリストテレス的論理の文化圏に生きていた西欧中世のスコラ学者たちにとって、おそらくは大乗仏教的な、あるいは老荘思想をうけつぐ逆説的論理の生体験はきわめて理解し難いものであったろうし、また反対に、逆説的論理になじんだ文化圏の人々にとって、アリストテレス的論理の文化圏における生体験はやはり正確には受けとめ難いものであるに違いない。

これらのことを私が述べてきたのは、神学がまさに神の御言葉を受けとる人間の行為、根源的生の体験の概念化であるかぎり、その人間を規定する文化性・歴史性に関連づけられているものであり、したがって時代と文化によって変るべきものであるし、当然変らなければならないものだと主張したかったためである。

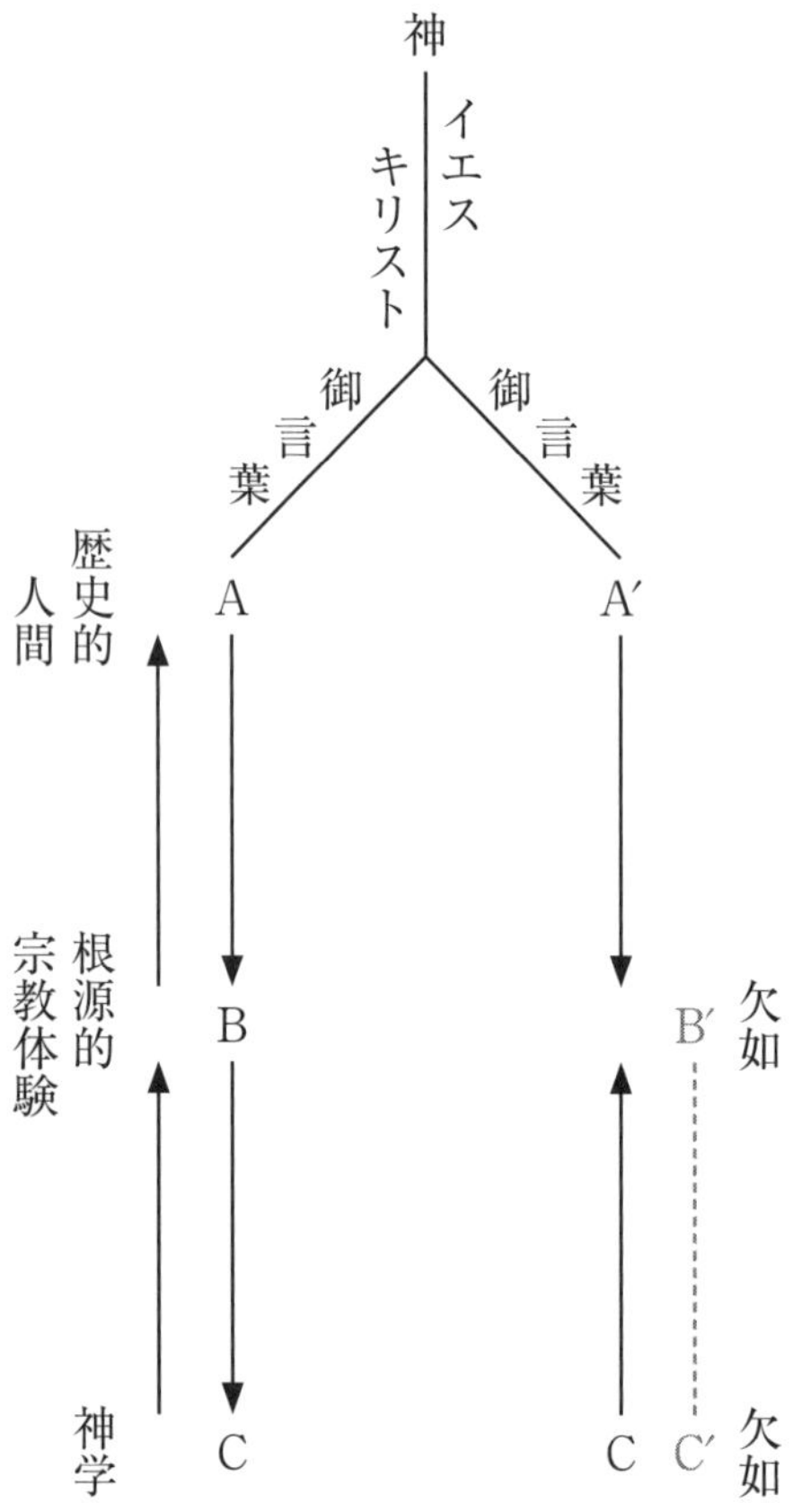

今日日本の教会において、体質の改善が叫ばれ、布教の困難の打開が種々の試みをもって行われている。しかし私は何といっても、キリストの福音が日本に根をおろしてゆくために一番大切なことは、一人一人が真剣に自己の信仰を生活のなかで生きぬき、それを素直に自分の言葉であらわしていくことではないかと思っているのである。

いま右の図において、Aを文化・歴史・風土のすべてを担った個人とし、かれが神の御言葉を受けいれたとき生れてくる生の宗教的体験をBとし、それが概念化されたときの神学をCとする。ひとたび完成されれば、神学Cは宗教体験Bを神の御言葉とともにはぐくむものともなり、またAの生活を基礎づけるものともなってくるのである。A・B・Cは生活のなかに一つのものとなっているのである。しかるに、ABCといかずに、いま、すでにできあがっているCがそのままの体系で他の時代ないし文化圏に移しかえられたとしてみよう。他の時代ないし文化圏に生きる人間をA′とすれば、A′とCとの間には生きた連関と統一性がなく、したがって神学C′のみか、真の深い宗教的体験B′さえも神学Cの横すべりによって生れてくるのを妨げられる現状となってくるのである。仮にCを西欧中世の神学とし、A′を現代の西欧人とするならば、現在西欧の教会の面している問題が理解されてくるであろう。そしていまの日本にとって一番大きな問題は、CがC′のかわりに固定してしまい、日本人A′との間に無理が生れ、深い宗教的信仰体験B′も神学も生れてこず、A′の生活そのものを真に深いところで基礎づける何ものもないという状況を現出させていることだと思うのである。

主体と客体——それが自然であれ人間であれ——をまず区別・対立させ、それを知性によって関連づけていこうとする立場、これがギリシャ以来、西欧を貫いてきた根本的な生体験であろうと思われる。これに対して、主—客の対立がなく、主客を先に包みこむような何かを全人間的な直観によって感じとっていこうとする立場、これが日本を流れている根本的な生体験であろうと思われる。神についてみれば、前者は神を対象として扱い、これを概念化する傾向を持ち、後者は神をいわく言い難き無としてとらえ、言葉を実在把握の観点からは軽視する傾向を持つ。一般に日本人の特性としてあげられる諸点は、この根源的な生体験によって理解しうると思われるのである。

日本の教会の前途には、まだまだ多くの困難がたちふさがっている。しかし聖霊には不可能なことはない。一人一人の真剣な信仰への闘いを通して、一日も早くこの「神学ダイジェスト」をも、多くの美しい日本の神学が彩ってくれる日が来ることを心から切望する次第である。

本書について

奴田原智明

発刊の経緯

作家高橋たか子とカトリック司祭井上洋治との間で交わされたこの往復書簡が雑誌に連載されたのは一九八二年、今から四十年以上も前のことである。後から詳しく見ていくが、少なくとも井上神父にとっては不本意であったろうこの往復書簡は、その後掲載誌版元から単行本化されることもなく、今では知る人ぞ知るといったものになっている。『高橋和巳・高橋たか子　電子全集22　高橋たか子・対談、その他』（小学館、二〇二三年）に収録されたのが、その後の唯一の刊行例である。

この電子全集の「解題」で山内由紀人が「おそらく単行本化の予定はあったものと思われる」と推測しているが、掲載誌版元である聖パウロ女子修道会（女子パウロ会）のシスター緒方真理子を通して、当時の編集担当のシスターに確認したところ、そうした予定や約束はなかったとのことである。ただ、高橋側からこの話を持ちかけられた当初、井上神父は乗り気であったらしい。作家からどのような話が聞けるのか、興味を抱き、楽しみにしていたのだという。

しかし、いざ往復書簡を始めて回が進むと、そこにあったのは「砂をかむような空しさと味気なさ」であり、「全く交わらない平行線の自己主張を……お互いに繰り返してきたという後味の悪さ」が残ったと、最終回で神父は気持ちを吐露している。

生前神父にこの往復書簡について質問をしたことがあるのだが、なんとなくはぐらかされてしまい、まともに応じてはくれなかった。話題にしたくないとの気持ちが伝わってきたので、しつこく聞くことはしなかった。

井上神父は「往復書簡といったような種類のやりとりをするということが、私の性に全く合っていなかった」のだと述懐している。一方、高橋たか子が若き日から親しんできたフランスの文学界には、それぞれの思想・信条をぶつけ合うような往復書簡がいくつもある。しかし我が国に、そうした例はほとんど見いだせない。

一九八八年に岩波書店から埴谷雄高と小川国夫の『隠された無限』という往復書簡が刊行されたとき、批評家の上総英郎は「新潮」誌掲載の書評「無限認識者の交感」（一九八九年二月号）に次のように書いた。

「我々の国にはたとえばジャック・リヴィエールとポール・クローデルのような、またはそのクローデルとアンドレ・ジッドのような、思想的対決をはっきり読者に印象づける往復書簡集がすくない。辛うじて小川氏に立原正秋との往復書簡があるだけで、世に知られない形で高橋たか子と井上洋治の雑誌「あけぼの」連載のそれが興をかきたてたくらいであるが、日本人の狎れやすい姿勢が災いしていたのであろう」

書き手が高橋とも井上神父とも交流のあった上総であるからこそ取り上げたのだといってしまえばそれまでであるが、こんなふうに引き合いに出されるほど、この往復書簡の存在は、我が国において実に稀有な例なのである。作家や哲学者どうしの「思想的対決」ですら珍しい文化的状況の中で（変に喧嘩っ早い人はいるが）、ましてやここでは、宗教家と作家とが、「信仰」についての考えを、まともにぶつけあっているのである。

井上神父は司牧者としての強い責任感から、高橋に対して安易な妥協を一切しなかったがため、ここには――適切な表現であるのか迷うところだが――ある意味でむき出しの井上神父がいる。ほかの著作とは違った意味で、神父の顔が行間からくっきりと浮かび上がってくるのである。

そのようなわけで、わたしはこの往復書簡を何とか世に出せないものかと考えてきた。とくに井上神父を慕う多くの読者に、これを知ってもらいたかった。

本年（二〇二四年）、井上神父の没後十年を迎え、三月に風編集室の主催で港区六本木の長良川画廊にて「井上洋治神父没後10年記念　南無アッバの祈り」という展覧会が開かれた。依頼を受け、その図録にわたしも拙稿を寄せた。そこでもこの往復書簡のことを少し取り上げたのだが、そのことで、その存在を多くの人に知らしめたいとの思いはさらに強くなり、書籍としての発刊の可能性を具体的に模索してみるようになった。

しかし、先に書いたように、この往復書簡は井上神父にとって本意ではなかったことは疑うべくもない。そんなものを今さら掘り起こしたりしてもよいのだろうか、師と仰ぐ人に対し無礼にはならないだろうか——、そんな懸念や不安も、一方では強く頭をもたげていた。

そこでまず、井上神父が主宰した風の家につながりのある、カトリック新潟教区司祭の伊藤幸史、批評家の若松英輔、そして現在の風の家の主宰者でもあるノートルダム清心女子大学教授の山根道公の各氏に意見を聞いてみた。すると各氏とも、発刊を請け負ってくれる出版社を見つけるのは困難だとは思うが、刊行自体には意味があるだろうとの意見を寄せてくれた。

生前、ともに井上神父のもとに集っていたこの仲間や先輩のことばに背を押され、書籍刊行を実現しようとの気持ちは、わたしの中でほぼ固まった。お三方には心から感謝したい。

手始めに、掲載誌版元の聖パウロ女子修道会に話を持ちかけるべく、シスター緒方の助言を得て、管区長の松岡陽子シスターに手紙を送った。シスター松岡はこちらの思いをくみ取ってくれ、実務担当者に検討を指示してくださったのだが、残念ながら会の事情があり、出版を請け負うとの回答を得ることはできなかった。しかし、書籍化については、自由に進めてほしいとのことばをいただいた。

次に、以前から仕事の上で接点のある教友社の阿部川直樹社長に出版企画書を送った。その結果、阿部川氏に企画の意義を評価していただき、今回の刊行に至った次第である。

わたしの立てた企画だが、往復書簡だけで単行本にするのはいささかもったいないとも思えたので、高橋たか子、井上洋治それぞれの物したものから、往復書簡を理解するうえでの助けとなるようなものを併録したいと考えた。最初は、両者の間でのいくつかの対談を収録するのがよいのではとも考えたのだが、あえてそれはやめることにした。話されたものではなく、書かれたものを収録したいと思った（その代わり、本稿で、そのうちの一つを紹介する）。

高橋側の収録内容はすぐに決まった。井上神父側については少し悩んだが、今となってはあまり目に触れる機会もないだろうとの意味合いも踏まえ、ごく初期の評論作を取り上げることにした。これらのほとんどは『イエスのまなざし――日本人とキリスト教』（日本基督教団出版局、一九八一年）に収録されているが、今では入手も困難かと思う。

その後、同書収録文書は『井上洋治著作選集6　人はなぜ生きるか　イエスのまなざし――日本人とキリスト教（抄）』（日本キリスト教団出版局、二〇一六年）に一部が収録されたが、本書に収めた論考はいずれも未収録である。同書の解題で山根道公は「比較的一般の読者向けに書かれた五本の論文・エッセイを収録した」と説明している。確かに、その後の井上神父の著作に親しんでいる読者からすれば、ここに収録した文書は、やや生硬さを感じて戸惑う面もあるかもしれないし、専門的な語句の使用も多い。しかし、その後『日本とイエスの顔』に結実する神父の思索の過程、ならびにことばや表現の獲得の過程を、これら初期評論から読み取ることもできるかと思う。

往復書簡について

「パリ＝東京往復書簡」は月刊誌「あけぼの」（女子パウロ会）誌上で、一九八二年の一年間、一月号から十二月号にかけて連載がなされた。

パリにいる高橋からの一九八一年九月一日付第一信に東京の井上神父が応じるかたちで連載は開始され、一年後、一九八二年九月八日付の井上師の複信をもって終了している。

この往復書簡について高橋は、回想記である『私の通った路』（講談社、一九九九年。初出は「群像」同年八月号）の中で次のように綴っている。

「この頃、私に辛い出来事があった。女子パウロ会の月刊誌「あけぼの」にエッセイ連載を私は申し込んだのであったが、井上洋治神父との往復書簡という形を提案した。パリ・東京間ということもあって新年号から始まる毎月の原稿を三ヵ月早く交わす、というふうに準備されねばならなかった。一回目の原稿が私と神父との間で往復された時すでに、いいようのない亀裂が孕まれていたのだが、それを私が、二回目、三回目と、修復すればするほどますます大きな亀裂となっていく。あれほど親しかった神父なのに私にはさっぱりわけがわからなかった。私が傷ついたのと同じくらい神父も傷ついておられることだけは、私にわかっていた」

ここに、本往復書簡は高橋本人が立てた企画であることが証言されているのだが、なぜこの時期に井上神父との間で往復書簡をやろうと思い立ったのか、その具体的な理由についてはまったく触れられていない。そのことをわたしは、不自然というか、奇異にすら感じる。推測の域を出ないことではあるが、あえてそれを書かなかったのだとしか思えない。

編集部には当初エッセイの連載を申し出ていて、それを旧知の仲である神父との往復書簡に差し替えたわけであるから、そこには確たる理由があって然るべきだろう。編集部側からの提案でもなく、あくまでも自分自身でそれを選んでいるのであり、書くことを本職とする者である以上、なんとなくの思いつきなどということは、まずもってありえない。

また『私の通った路』という回想記の性格から推し量っても、ここに理由の記述がないのは不自然である。同書の「まえがき」の中で高橋は、「フランスでの、フランス人のみの環境での、私という者は、私自身が書かないかぎり、日本では誤解のままとなるだろう、という思いが強まってきているせいでもある」と執筆動機を説明している。ここからも理解されるとおり、高橋には、憶測でもって自分について語られることを避けたいとの思いがあったのだ。ならば往復書簡を企図した動機についても、語られて当然だろう。

往復書簡を書き始める前年、一九八〇年九月に高橋は渡仏した。『私の通った路』は、その時点のことから書き始められている。渡仏の際のことを高橋は「ヴィザもとらずに行ったのだから、長期滞在のつもりではなかったにもかかわらず、なにか決定的に日本を去った思いがあった」と自筆年譜（『高橋たか子自選小説集4』講談社、一九九四年）に記している。

遡って一九七八年の渡仏の際、中村真一郎からの依頼でパリ留学中の同氏の息女に会うにあたって、たまたま落ち合う場所として指定された教会で、高橋はエルサレム修道会（往復書簡中の記述は「イエルサレム会」。以下「エルサレム修道会」で統一）という、彼女にとって決定的な意味をもたらすことになる修道会の創立者と初めて出会う（第二回、高橋往信参照）。そして高橋は、翌年にもこの創立者を訪ねている。

『私の通った路』によれば、一九八〇年九月の渡仏時点でのこの創立者や会に対しての思いは「すこしも積極的ではなかった」のだそうだ。しかし「到着五日後の日曜の荘厳ミサ」に出向き、その人に会うと、彼は「火の柱を背負って立っていた」のだという。

ここからエルサレム修道会と高橋とのつながりが深まっていく。その深まりの過程でこの往復書簡が、高橋からの提案によって行われたのだという事実は、押えておくべきだろう。最終回に高橋は、「なお、私の日参するイエルサレム会については、二回目の手紙に一側面を紹介したほかは、そのあと一度も言及することがなかったのを残念に思っています」とわざわざ記している。そこから考えれば、日本で名の知れている井上洋治という司祭との往復書簡を通して、自分が日本に持って来ようと考えているエルサレム修道会の正統性を知らしめたかった、そのような意図が見えてくる——。そこまでいったら言い過ぎになるだろうか。

だが、第十回で高橋は、「私は『余白の旅』を熟読していながら、神父さんがフランスでなぜカルメル会を脱会されたかの切実な経緯は、何もおぼえていないのです」という、俄かには信じがたい発言をしている（一つ前の手紙で「私自身は、神父さんにおける一本の線をよく知っているつもりです」と述べているにもかかわらずである）。このことばを字面どおりに受け取るなら、西欧キリスト教ではない、日本人にとってのキリスト教を考える神父に、自分が西欧で魅了されたキリスト教の姿をあえてぶつけてみたいといった意図があったということも、ちょっと考えにくいのではなかろうか。

いずれにせよ、ある種の精神的な高まりの中で、かなり気負いながら、高橋はこの往復書簡に臨んだ、それは確かなことだろう。

要するに、作家が何を話すのかという好奇心のうちに受け身でフラットな姿勢であった井上神父と、自分が抱えるものに引っ張られて前のめり気味であった小説家高橋たか子、このような二人の間で往復書簡は始まり、やがて両者は火花を散らすこととなったのである。

*

第一回で高橋が語る日本の居心地の悪さなるものは、彼女の読者にとってはなじみのものである。パリこそが自分の故郷なのだと高橋は述べ、「こういう場所で私自身の祈りを深めた上で、いつかそれを日本に持ち帰りたいとは思っています。日本という非キリスト教国で、神父さんがなさっていることに、私もいつか協力できるだろうとは思っています」と書く。

思いを率直に述べたことばではあろう。しかし、「いつかそれを日本に持ち帰りたい」というところの「それ」とは、いったい何なのか。もちろんそれは、深められた彼女自身の祈りであり、つまりは「エルサレム修道会」の霊性であることは間違いない。ただ腑に落ちないのは、パリでこそ、フランス語でこそ、と熱く語っているにもかかわらず、だれよりも彼女自身が痛切にそれを感じているはずの、フランスとは文化的土壌があまりにも違いすぎる日本に、何を持ち込んで、何をしようというのだろうか。

井上神父は、リジューの聖テレジアに憬れて、戦後まもなくフランスに渡ってカルメル修道会に入り、そこで徹底的に西欧とぶつかるという経験を経て、日本人としての求道性、日本におけるキリスト教の文化内開花《インカルチュレーション》について深めることを決意し、日本人に西欧キリスト教ではないキリストの教えを伝えることを生涯の課題とした人である。そうした意味では、神父においては姿勢も問題意識も当然ながら明確である。

対して高橋だが、たとえば、パリでの彼女の体験を会衆に語る行脚をしていくとでもいうのなら分かる。そのようなことをすれば、その語る内容に感応する人も、そこに救いの光を見いだせる人も、少なからずいるだろう。日本人として日本で生活していながら、高橋のように生きにくさを感じている人に向けての、それは有意義な事業になるかと思う。パリにおいて、フランス語によってこそ得られた彼女の貴重な祈りの体験は、日本特有の男性中心社会の中で逼塞感を覚えている女性にとってはとくに、大いに助けとなり、励ましとなり、導きとなるだろう。

しかし、高橋がなそうと目論んでいたことは、そうしたこととはまったく質的に異なる行為であるのだ。彼女は、パリで生まれた新興の修道会を、日本に持ち込もうとしていたのである。

「パリでキリスト教について私の考えたことを、これからどんどん書き送ります。間違っているかもしれないようなことも、あまり恥とは思わずに大胆に書いていきますので、神父さんのほうからも思う存分訂正してください。いつかのように大論争になるのもたのしいことでしょう」、そう高橋は書き、以降の展開に思いを馳せている。しかし、彼女は井上神父から、果たして何を聞きたかったのだろうか。

ここでいわれている「いつかのように大論争になる」という出来事については、「あけぼの」一九八一年十二月号に掲載された、井上洋治、高橋たか子両名をゲストとした遠藤周作連載対談の最終回「鼎談／カトリックの今後」の冒頭で、遠藤が「先日神父さんと高橋さんは、白熱した議論を二時間ほどなさったそうですね。失礼ですが、お二人は何について議論し、何について興奮なさったんでしょう」と問いかけることで紹介されている。これに対し井上神父は、「神さまとの出会いの場についてでしたね」と応じ、それを追って高橋が「外か、内か、というね」と答えている。

高橋は、フランスにおいて、内でも外でも「結局同じ」だということを教わったのだと語る。「人間の内部にグイッと入るとそこに永遠の入り口がある」のに対し、「外に向けて何かにのめり込むと、やはりそこに永遠への入り口があって、結局両方とも同じこと」なのだと、ある神父から教えられたのだという。この「外に向けて」というのを遠藤が、それは「他者との関係とか、社会とかに深くかかわること」だろうとの解釈を述べ、井上神父もそれ自体に否は唱えていない。

ただ神父は、神との「出会いそのものというのは、内とか外とか関係なく、同じだという感じがします」といい、さらに「瞑想とか活動とかと、向こうではやたらに分けるでしょ。そういう分け方自体神との出会いという視点からはあまり意味がないという気がするんです。神と出会うということは、何らかの形において、エゴというものが落ちた時に出会うのであって」と述べている。

内にしろ外にしろ、神との出会いにおいて、そこへと「向かう」人間側の行為を高橋は強調し、それは違うのではないかと井上神父が反論する――、そのような構図がここには浮かび上がっているかと思う。

話題はさらに、エゴイズムの問題へと進んでいく。遠藤や高橋は、作家として、エゴイズムを使って、あるいはエゴイズムを通して、神と出会うことはあるのだと主張する。

遠藤はいう。「低次元のものを逆利用して、神さまを認識させられる」というのが「今までのキリスト教小説家の人間を書く時に使った小説の方法であった」のだと。

それに対して井上神父は「あなたの言うことは、すごくわかるけれど、それは神さまの視点でものを言っていると思う」と応じている。さらに「神さまはどんなものからでも善を出す。それは当然です。しかしそれは、あくまでも神の視座」なのだと説明し、「エゴイズムを使うのは神様であって人間じゃあない」と主張している。対して遠藤は「エゴイズムならエゴイズムを徹底的に書いていかなくちゃならない。しかし徹底的に書いたら、そこから突破口というものが、必ずできてそれが神さまにつながるんだという気持ちは、小説を書いているうちにだんだんわかってくるんですよ」と述べて、これに高橋が大いに同感の意を示している。

ここでの遠藤と井上神父との違いは、神父自身がはっきりといっているように、作家と司祭との違いであるとしかいいようがない。フランソワ・モーリヤックに対するサルトルのことば「小説家は決して神ではない」（小林正訳「フランソワ・モーリヤック氏と自由」、『サルトル全集第十一巻　シチュアシオンⅠ』人文書院、一九六五年）が逆側から示すとおり、モーリヤックから学んだ遠藤や高橋は、創作の営為において「神の視座」に立たざるをえない。一方、司祭である井上神父にとっては、神との出会いや救いというものは、人間の意志や行いの《結果》として得られるようなものではないということが大切なのである。何かを追求していって、その先にあるというようなものではなく、つねに向こうから無償で与えられるものなのだ。

個人的な記憶を述べることになるが、若いころに高橋たか子を論じたものを井上神父に読んでいただいたことがある。その中でわたしは、『装いせよ、わが魂よ』の第二部四章の末尾にある「一方にノンと言うためにはもう一方にウイと言いさえすればいい」とのことばを引用し、高橋がいうところの神との出会いについて論じた（ここでいわれるところの「一方」は男＝肉欲であり、「もう一方」は神である）。それについて神父は、実にさりげなくではあったが、「一方にノンというには他方にウイといえばいいなんて、絶対に違うと思うけどね」とおっしゃった。さりげなくではありつつも、「それだけは断言しておくよ」とわたしに伝えようとする気持ちが感じられることばであった。そのときの神父の表情を、今でもはっきりと記憶している。

第一回の最後に高橋は、渡仏する際のエンジン・トラブルによる飛行機の出発の遅れについて述べているが、そのとき「パリで非公式ながら所属することになっているイエルサレム会という修道会の『いのちの書』」を読むことで「不安から解き放たれ」たと記している。

『いのちの書』（原題 *Le Livre de Vie de Jérusalem*）とは、エルサレム修道会の創立者、ピエール・マリ・

デルフィユ神父の著作で、のちに高橋によって訳出され、『都市の中の観想』の邦題で、一九八四年に女子パウロ会から刊行された。

この『都市の中の観想』は、エルサレム修道会のいわば会則のようなもので、修道生活の指南書といってよい。高橋自身は、邦訳の冒頭に「エルサレム修道会の生活設計書」と記している。

高橋はこの書を読むことで、「無時間が私のなかに入ってきて、すうっと時間から解放されました。不思議なほどのさわやかさでした。そうして、人々の抱いているらしい事故への不安にもかかわらず、パリまでの間ずっとさわやかでいました。つまり、自由でした。そして、不安というものの関門を内的に通り越したという、強い感じをいだきました」とまで書いている。しかし有り体にいえば、この書のどこからそこまでのものを得られるのか、わたしにはよく分からない。

『都市の中の観想』のどういった点に、高橋は心をつかまれたのだろうか。それを理解することは重要だと思うのだが、本往復書簡にそれを述べる箇所はない。他のエッセイなどにも、その具体的な言及は見られないかと思う。

『都市の中の観想』は、「都市」を「現代の荒野」と捉え、その荒野の中で観想生活を送るという、新しい修道生活のあり方を提示している。だが、「愛」「祈り」「仕事」「沈黙」「迎え入れ」「修道士・修道女」「貞潔」「清貧」「従順」「謙虚」といった項目において述べられていることは、どれもがこれまで教会の歴史の中でいわれてきたことの反復に近いもので、さしたる新奇さはない。

ただ、十二章の「世間の只中で」の中に、禁域をもたないことについて書かれており、そこには独自性があるといえる。「あなたの観想修道者としての生存のまわりを、どんな壁の囲いもとりまいてはいない。禁域は、福音書のどの言葉にも基づいていないのだから、それを残念に思うな。そして、自分の生活のまわりに心の囲いを立てるのはあなたがしなければならぬことなのだ」(142項)。都市生活者の覚えている渇き、それはよく分かる。都市に生きる者が大勢の人間に囲まれながらも孤独を感じ、心に渇きを覚え、その癒しを求めてさまよっている……、それは現代社会の確かな一側面であり、キリスト教がそうした人たちに救いをもたらすものとならなければならないというのも、至当な考えであろう。

しかし、都市を荒野と捉え、砂漠の隠修士のように、都市の中で禁域をもたずに修道者が生きていくというのは、どうにも空想的すぎる発想のようにも思う。活動会であるならばいざ知らず、観想会として、そんなことが可能なのであろうか。

実際に高橋自身も、アパートの一室での修道者としての生活において、同じフロアの住人の振舞いや騒音に心を乱されて困惑し続けた経験を『私の通った路』に綴っている。しかし、都市で生きるのなら、そんな障害が生じるのは当たり前のことであって、それを避けようとするなら、高級マンションの最上階に住むような豪奢な生活を送るしかない。

先に引用した『都市の中の観想』142項には、「心の囲いを立て」て生きるうえで、「見張る」ということの大切さが書かれている。己によって己の思考や振る舞いを「見張る」のである。

おそらくここに、高橋は惹きつけられたのだろう。往復書簡第六回で高橋は、「見張って祈る」ということをいう。見張らなければ「罪人の気分のなかで自己陶酔するようなことに」なるので「透明な目で自己凝視」しなければならないのだという。明らかに『都市の中の観想』から「見張る」ということを学んでいる。高橋にとっては、すべてにおいて意志の介在が欠かせない要素なのだ。主体がつねに明確で、確立された自我の上にあらゆることが成り立つ。神への愛においても、主体の確立が欠かせない。

こうした考えにおいて、井上神父と同感しあえる点はほぼない。神父は、祈りとは「自己凝視ではなくて、すべてを神の御手にゆだねて、……神の光を全身で受けとめる」ことだと述べている。井上神父は第二回で、自分の祈りは「日向ぼっこ流」なのだという。「神様の光のまえで、何もしゃべらず、何も考えず、ぼんやりと座っているのが私流の祈り」なのだと。

「日向ぼっこ」というのは、そののちも神父がたびたび口にした表現である。井上洋治神父を象徴するフレーズの一つといってもよいかもしれない。それは、己を神にまかせ切る姿そのものである。こうした姿勢の大切さを神父は説き続けた。

対して高橋は続く第三回で、「一つだけ、早目にはっきりさせておきたいこと」があると前置いて、「神父さんは聖界の人であり、私は俗間の人」なのだという。そして「日向ぼっこするように神の光のなかに座っているのが自分流の祈りだとおっしゃっていますが、それは神父さんがもうそこまでいった方だからです」と綴る。

こんなふうにいい放ってしまえば、正直身も蓋もないだろう。「神父さんは聖界の人」だというのなら、その聖界の人から、頭《こうべ》を垂れて教えを乞うのが真っ先にとるべき態度なのではないか、とすら思ってしまう。

とはいっても高橋からすれば、まだまだわたしは自己というものに拘らずにはいられないのだと、その心情を素直に告白しているのだともいえる。その高橋の気持ちは理解できる。わたし自身も若いころには、この日向ぼっこということばに、高橋と似たような思いを抱いた。それは達観した人の在り様なのではないか、とても自分はそんな境地には至れない――、そんなふうに考えたものだ。ともかく、この往復書簡における両者の嚙み合わなさの根幹にあるのは、信仰においての、あるいは神の愛の前にあっての、人間存在の主体についての考え方の相違だろう。

高橋は確立された主体性にあくまでもこだわる。第六回で「幼子のように」という姿勢が「キリスト教に入るのを長年さまたげていたものの一つ」だといい、自分に合うのは「恋人のように」なのだと述べる。一方の井上神父はその複信で、「恋人のように」というようなのは「全くといってよいほど私にはだめ」なのだといい、「神との一致の心の状態を強いて言葉で表せといわれたら、私ならさしずめ、朝日に輝く雪原の彼方の青空をいく白雲の心、とでもいいましょうか」と述べている。

両者が「父の家には住処が多い」（ヨハネ14・2）の聖句で自分たちの違いを表現しているように、この違い自体にどちらが正しいとか、どちらが間違っているとかいうことはないのだろう。それこそ、西欧に渡りながらも西欧の文化に馴染むことのできなかった井上神父と、日本人として日本で生きてきながらも日本的な土壌に馴染めなかった高橋との、根本的な相違を示すものかと思う。

ただ、第七回で井上神父が、「どうしてもこの鉄則だけは高橋さんに知っておいてもらいたいと思った」として、神秘思想についての解説に紙幅の多くを割いているのは見逃せない。おそらく神父は、こうした話を通して、あまりにも自我に固執し、自分の内面ばかりを見つめていた際に落ちてしまう可能性のある陥穽について、高橋に警告を発していたのだろう。それが、司牧者としての井上洋治の姿なのだと思う。

高橋を悪くいうつもりはないが、どうにも前のめりになってしまっている彼女は、神父の配慮にも心遣いにも気づけない。第八回の前半で述べられる高橋の反論は、はっきり論旨がずれている。神父のことばの真意を摑み損ねている。だから、その複信での井上神父の反論は、いささか手厳しいものとなる。

回を追うごとに深まっていく両者の溝、その始点となったのは、第三回のマルコ福音書六章についてのやり取りだろう。

第二回の終わりに井上神父が、座禅をやる修道女がいることを紹介し、それを受けて高橋が第三回で、「座禅の時の「無念無想」と、キリスト教の念禱の時の「沈黙」とは、外見は似ているけれども中身が違うのではないか」と述べている。

これに対し井上神父は、マルコ福音書六章に描かれている湖上を歩くイエスの話を示して、わたしたちは二つのことにエンゲージメントすることは不可能なのだから、キリスト教の念禱の体験と禅の体験とを比べることなどできないのだと教えている。

これは井上神父の立場からすれば実に重要な指摘で、神からの働きかけが、啓示がないかぎり、自分が触れたものを、それが神の愛の働きであると人間が理解することは不可能なのであり、したがって逆に「山路来て何やらゆかし菫草」の句を物した芭蕉が、その一輪の野の花に触れたとき、その花のいのちを支える「神の愛の働き」に触れたのだと考えることもできる、「少なくともその可能性は非常に高い」という、神父の強い思いの表現なのである。

この井上神父のことばを高橋がもう少し冷静に落ち着いて受け止めて、神父がいわんとするところをしっかり把握していたなら、以降の往復書簡の内容は少し異なった趣のものになっていたかもしれない。第四回で高橋は、湖上を歩くイエスの話について自分なりの解釈を展開し、「それが仏だと思う人には、きっと仏からの語りかけがあるのだと思います。それがイエス・キリストだと思う人に、イエス・キリストからの語りかけがあるように」といってしまう。これを読むかぎり、二つのことにエンゲージメントすることはできないという井上神父のことばを、高橋はまったく理解できていない。そして話題を、喜びや苦しみの表明がいつの間にか「力の誇示になっている」という話へと変えてしまう。

ここに始まるこの話題は、その後高橋が井上神父の応答に納得できずに繰り返されることになる。いかにも高橋らしい話題であるだけに、第五回で明らかになる両者の相違は興味深い。

高橋は、自分は相手の喜びや苦しみを「ともによろこんだりくるしんだりしている」のだが、相手のうちに力の誇示や自己陶酔がいつの間にか生じ、しかし、喜びや苦しみ自体はそれとしてある、といった状況に面したときの処理の困難さをいい、それを「埃《ほこり》のようなもの」が相手に生じている状態だと説明している。相手の中に「埃」を見てしまったとき、いったいどうすればいいのかと問いかけている。

対する井上神父は、喜びや苦しみを訴える側にも聞く側にも、どちらにも「埃」はあるのだ、「埃」をもっていない人間がいるとすれば、それはイエスのみだろうという。

この議論は、第十回で高橋が「以前の私の質問に、まだ神父さんは答えてくださっていません」といって蒸し返している。ここで高橋は、相手の苦しみの表明に力の誇示が混じっているとき、指摘してあげるべきなのか、それとも黙っているべきなのか、愛の行為としてどうすべきなのかと問いかけている。

正直にいって、第五回の井上神父の回答をきちんと読んだのだろうかと疑いたくなるほどだ。こういうところにも、前のめりになりすぎている高橋の姿勢が垣間見える。

第十回の井上神父の複信は、いささかきつい調子になっている。イエスの山上の説教中の「まず自分の目から梁を取りのけなさい」という教えを引用して、問題は「自分のなかの埃」にあるのだから、「相手に対して力の誇示を注意するなどということは、自分の目のなかの梁を棚にあげて、相手の目のなかのちりを問題にしているわけですから、およそ愛などというのとは縁遠い行為であり、すべきことではない」と、きっぱり言い切っている。しかし残念なことに高橋は、相手に埃が生じることについて、自分の側に原因があるのかもしれないという可能性を考えることができない。

こんなふうにして、両者の溝は深まっていく。

最終回で井上神父は、「この一年間砂をかむような空しさと味気なさとを、私はこの往復書簡を書きながらずっと感じ続けてきました。その意味では、もうこれで往復書簡を書き続けなくてもよいのだという解放感にひたりながら、私がこの最後の手紙をしたためていることは否定できません」と、己の胸の内を告白している。

先に挙げた電子全集の「解題」で山内由紀人はこの神父のことばを引いて、「井上神父にとって、「往復書簡」は不毛だったのである」と述べている。確かに井上神父にとっては、こんなふうに心情を綴るのだから、この高橋とのやり取りは辛いものではあったろう。だが、「不毛」とは思っていなかったのではないか、わたしはそう考える。

先のことばに続くかたちで井上神父は、高橋に不愉快な思いをさせたかもしれないといってそれを詫び、さらに続けて「そういっても、もちろんこの往復書簡を通じて、私なりに考えさせられたことはありますし、全くうるところがなかった、といえば嘘になると思います」と綴っている。

ここでいわれている「うるところ」とは何であるのか。井上神父はこの書簡の末尾で次のようにいう。「明治のキリシタン解禁以来、日本人でキリスト信者になった人というのは、多かれ少なかれ、高橋さんのように、そしてかつての私のように、無自覚ではあったとしてもなんらかの形で西欧への憧憬を持った人に限られていたのではないだろうか」

その気づきを踏まえ、「西欧キリスト教にあこがれてキリスト教徒になった人たちに、日本キリスト教の必要さなどを説いてみても「ヨーロッパが好きだからキリスト教徒になったのに、いまさら日本キリスト教などといわれても困る」と言われるのはあたりまえのことなのかもしれないという思い」を、往復書簡を通してしみじみ感じさせられたと神父は述懐している。これこそが、井上神父にとって「うるところ」であったのだ。

このことばは、以後の井上神父の営為を考えても、かなり決定的なものであったかと思う。教会というのは、人間による地上の組織でもある。日本のカトリック教会という組織の中で、井上神父は数々の無理解にぶつかってきた。その無理解の本質は、こうしたところにあるのではないか。

「信徒使徒職が叫ばれ、キリスト教の土着化の問題がようやく真剣にとりあげられてきた今日の日本の教会」とのことばが「テレジアと現代日本の教会」の中に見られるが、それは六十年も前のものである。ローマで第二バチカン公会議会が開かれていたそのころの日本の教会の空気をわたし自身は知る由もないが、現代の状況は、その当時からどれほどの進展を見せているであろうか。確かに、文化内開花《インカルチュレーション》という考えの理解は進んだと思う。井上神父が用い始めた「文化内開花」という訳語が、日本の教会に定着してきたことも事実だろう。だが、まだまだ継続性のない単発な発信、あるいは個人的な発信ばかりで、日本の教会全体としての取り組みが活発であるとは言い難い。日本人自身が、自己の文化的由来を曖昧にしか捉えられていないという側面もあろうが、ここに井上神父が気づきとして述べていることが、もしかしたら決定的な事柄なのではないだろうか。

聖職者だけでなく信徒に至るまで、日本のカトリック教会の組織に属する者の大半が、西欧への憧憬から出発するか、あるいはその憧憬を信仰生活の基底としているのだとしたら、本当に切実な意味での、文化内開花《インカルチュレーション》への問題意識など芽生えてはこないだろう。そうした共同体は、いってしまえば日本の中の西洋文化圏みたいなものであって、西欧キリスト教ではない日本人にとってのキリスト教とは何かといった問いが、そこから真に発せられるはずがない。そうであるならば、日本人の意識と教会との乖離は、いつまで経っても根本から解消することはないだろう。

この気づきについて井上神父は「私には大変大きな勉強になりました」といっている。これは、そのままに受け取ってよいことばであるはずだ。だから少なくとも、この往復書簡は井上神父にとって、「不毛」といってしまえるようなものではなかったのだ。むしろ、さらなる壁を自覚する、確かな契機になったのだと思う。

井上神父の眼前に立つ壁は、容易に乗り越えられるものではなかったろう。イエス・キリストの教えを、一人でも多くの日本人に伝えたいと神父が願ったとき、その壁は実に峻厳たるものであったはずだ。

だが、末尾で覚悟を決めている神父の姿にはすがすがしささえ感じる。ここに表れている神父の一途な純粋さが多くの人を惹きつけたのだと、あらためて思う。

他の収録文書について

高橋たか子

「神の位置」

初出「カトリック新聞」一九七九年一月七日号、「新春随筆」として第六面（最終面）に掲載。『驚いた花』（人文書院、一九八〇年）所収。本エッセイは『井上洋治著作選集10　日本人のためのキリス

ト教入門　井上洋治著作一覧』（日本キリスト教団出版局、二〇一八年）にも収録されている。『驚いた花』を底本とした。

井上洋治の名前が登場する高橋のエッセイはいくつかあるが、本エッセイは、その内容について、往復書簡の第二回で井上神父が触れているものである。

「対象化」という語は、往復書簡においても鍵となることばである。「求める必要はなく、神の現存を感じればいいのだ、とわかってきた」のことばで結ばれる本エッセイは、短いものではあるが高橋の信仰における思索の《変遷》を知るうえで、重要な位置を占めているといえよう。

「エルサレム修道会について」

水色のタント紙を表紙にした、本文十二ページのＢ６判中綴じ冊子である。本文はワープロで作成した版下を簡易印刷したものと思われる。何部作られ、どのように配られたものであるかは不明。わたし自身は、往復書簡の第十回に高橋が名前を挙げている町野曄子さんから、三十年以上前に頂戴したものと記憶していたのだが、最近になってご本人に確認したところ、違うと思うといわれてしまった。だとすると、あと考えられるのは井上神父以外にはない。

冒頭に「一九八四年二月」とある。『都市の中の観想』の刊行が同年の九月。『私の通った路』に「パリでの幸福な日々が続いていく」と書かれているころに、日本にエルサレム修道会を「創立する」（『私の通った路』でも「自筆年譜」でも、高橋は、日本での「創立」ということば遣いをしている）準備として作られたものと考えられる。

井上洋治

「キリスト教の日本化」

初出「理想」（理想社）三五八号（一九六三年三月）、『イエスのまなざし――日本人とキリスト教』（前出）所収。初出は文末に「（洗足カトリック教会司祭）」と記載。『イエスのまなざし』を底本とした（以下、同書収録文書についてはすべて同じ）。

初出の「理想」誌はこの号で「現代日本のキリスト教」という特集を組んでおり、井上神父のこの論考は冒頭に収録されている。

『井上洋治著作選集10』に収録されている山根知子・高田ひかり編の「井上洋治著作一覧」で、最初に挙げられている著作である。

本稿は、「ユダヤ化されたキリスト教がギリシャ・ローマ文化圏に進出したさい」、どのような課題が浮上し、そしてどのようにキリスト教が受け入れられていったのかを考察し、日本人のキリスト教受容における可能性について一提言をなすものである。

二の終わりに「ユダヤ人となることなしに、完全に自己の文化圏内の一人として、キリストの信仰を生き抜いたが故に、キリスト教はギリシャ・ローマ文化に土着することができ、ヨーロッパ文化を美しいキリスト教文化として開花させることができたのである」とある。当然のことだが、この一文からも、井上神父が西欧の美や文化やキリスト教自体を否定していたわけではないことは明らかである。

　末尾の付記に「カトリック、プロテスタントなどという小さな区別にこだわらずに……」ということばが見られるが、往復書簡では第七回に、「私はカトリックとプロテスタントなどという本国での争いを、植民地の日本の教会にまで持ちこんでくる愚は、植民地の人間としてどうしてもさけたいと思っているので、そんな区別に固執するつもりはありません」と述べている。

　さらに、北洋社版と講談社版とを経て、日本基督教団出版局から一九九〇年に刊行された『日本とイエスの顔』の「あとがき」には、「プロテスタント関係の方からも何通かお手紙を頂いたが、私の属しているカトリック教会関係からは一、二通の手紙を頂いただけであった」とも綴っている。教会一致運動《エキュメニズム》と文化内開花《インカルチュレーション》は、まさに密接に繋がるものであろう。文化を同じくする中で歩み寄ることが、まずは求められるのだと思う。

「テレジアと現代日本の教会」

初出「世紀」（中央出版社）一九六四年七月号、『イエスのまなざし――日本人とキリスト教』（前出）所収。初出誌での表題は「聖テレジアと現代日本の教会」。初出は文末に「（東京教区司祭）」と記載。

フランスに渡ってカルメル会に入会する動機を井上神父に与えた聖人についての論考だが、この聖女の生き方を通して、日本における「新しい霊性の確立」について考察する論ともなっている。「自分の行なった、ちょっとした親切や犠牲を、純粋なキリスト教的な愛の行為だと錯覚し、うぬぼれることは、やさしいことかもしれません。しかし、血のにじむ思いで、キリストの御言葉をなんとかして実現してゆこうと努力を続けてゆく時に、私たちは隣人を、キリストが望まれているように愛する、ということがどんなに困難なことかを、骨身にしみて感じるに違いないのです。努力すればするほど、自分の心の奥底に根ざしている傲慢や虚栄や利己心が、霧のように湧いてきて、払っても払っても私たちの心におおいかぶさってきて、時には耐えきれないような焦燥感と、自己嫌悪に苦しむこともあるはずだと思います」。この記述は、往復書簡で高橋が問うている、人の愛し方に対しての神父の回答に、そのまま通じるものである。

「日本の精神的風土とキリスト教・序論」

初出『日本の風土とキリスト教――ハインリヒ・デュモリン師の還暦を記念して』（岡田純一ほか

編、理想社、一九六五年）、『イエスのまなざし――日本人とキリスト教』（前出）所収。初出ではタイトルに中黒（・）なし。執筆者紹介欄での井上神父の肩書は「東京教区司祭　カトリック学生連盟指導司祭」となっている。なお、同書には遠藤周作も「日本人の風土的感性について」という一文を寄せている。

ハインリヒ・デュモリン神父（一九〇五～一九九五年）は、一九三五年に来日、一九四一年から上智大学で教鞭を執ったドイツ人のイエズス会士。『全き人間』など、神学者として多数の著書があるが、禅についての論考などもある。井上神父は東京大学在学中に、このデュモリン師から洗礼を受けた。

分析的理性の判断によって実存に到達する以外に、概念を媒介とせず、存在物の実存との「出会いによる認識」なるものがあるのではないか、そして日本人の実在感覚の根底には、それが流れているのではないか、という問題提起から出発する論考。日本人の心理構造の特徴をさまざまに考察し、そうした特徴をもつ日本民族がどのようにキリスト教化されうるのかを問う。

末尾近くには次のような問いかけがある。「もしも芭蕉などの体験が、実存との出会いによる実存の体験であるとするならば、芭蕉などのふれえたものは神であったというのはあまりにも無謀な考えであろうか」

自然を通しても、神を、聖霊の働きを感じ取ることはできるのであり、それは汎在神論であって、決して汎神論ではないというのは、井上神父の一貫した考えである。右に引いた一文にもそのことは鮮明に表現されている。すでに触れたことではあるが、往復書簡には次のようなことばがある。

「「山路来て何やらゆかし菫草」という句を芭蕉がものした時、彼はこの春風にゆれる一輪の花のいのちにふれたのだという気がするのです。私たちの信仰の地点にたてば、一輪の花のいのちにふれた時、その人は意識すると否とにかかわらず、客観的には、その花のいのちを時々刻々支えている神の愛の働きにふれたのだといえると思うのです。少なくともその可能性は非常に高い、私はそう思いたいのです」（第三回）

高橋たか子への語りかけだからこそでもあるのだが、往復書簡のほうの表現は断言に近くなり、ある種の力強さを備えている。思索を重ね、司牧の現場で悩み、祈りながら答えを求めて、井上神父はこの確信を獲得していったのだろう。両者の表現に見られる差から、井上神父がたどった歩みへの理解をさらに深めることもできるかと思う。

「未来の〈日本の神学〉への期待」

初出「神学ダイジェスト」（神学ダイジェスト研究会）70年冬季号（一九七〇年十二月）。同号の「巻頭言」である。

巻頭言という性格ゆえ、ごく短い論考ではあるが、「文化・歴史・風土のすべてを担った個人」

の「宗教的体験」の「概念化」である「神学」が、「そのままの体系で他の時代ないし文化圏に移しかえられた」際の困難を、図を用いて説明していて分かりやすい。日本におけるキリスト教の問題は、まったく異なる歴史や文化を背景として成立した神学体系を、そのままに持ち込んでしまったことにあるという指摘である。

往復書簡の第九回で、「日本のキリスト教宣教の失敗は西欧キリスト教という大木を日本の土壌に植えつけようとしたことにある。従って組織であれ、神学であれ、求道性《スピリティアリティー》であれ、西欧キリスト教のものをそのまま直輸入してもだめだ」と、自身の「根本信条」を、それまでのやり取りの経緯があって、いささか厳しめに井上神父は述べている。その信条を、少し異なる角度から論述しているのが、この論考ではないかと思う。

＊＊＊

本書収録にあたって、底本に対し、明らかに誤植と思われるものは正した。以下については、具体的な修正内容を書き記しておく。括弧内が底本の表現である。

「パリ＝東京往復書簡」

54頁1および4行目　「エンゲージメント」（インゲイジメント）——第十回と表記を統一した。

124頁2行目「の小説を書き……というように」（の小説を書き……というさらに）
「テレジアと現代日本の教会」
249頁12行目「自分だけでは決して」（自分だけは決して）
「日本の精神的風土とキリスト教・序論」
263頁1行目「福田恆存著作集」（福田恆存評論集）
「未来の〈日本の神学〉への期待」
284頁の図「イエス　キリスト」（イエズス　キリスト）――『イエスのまなざし』の「まえがき」に述べられた方針（固有名詞の統一）に倣った。

井上洋治の付録に収録した論考の参照等を示す括弧書きについては、欧文交じりのものも多いので、読みやすさを考慮してフォントのサイズを下げた。

なお底本には「ライ患者」など、今日の観点から見れば不適切と思われる表現があるが、著者は故人であり、そこに差別的意図がないことは明白であるので、底本のままとした。何卒ご理解賜りたい。

編者プロフィール

奴田原 智明（ぬたはら ともあき）

1968年生まれ。
二松学舎大学文学部国文学科卒。
大学3年、20歳のときに井上洋治神父のもとを訪問し、以後「風の家」に通う。
現在、カトリック中央協議会出版部勤務。
おもな著作
「服部達と三角帽子」（「三田文學」No.118、2014年夏季号）
「肉体の復活――北條民雄論」（「徳島文學」第3号、2020年）

パリ＝東京往復書簡

発行日………2024年12月24日　初版

著　者………高橋たか子／井上洋治
編　者………奴田原智明
発行者………阿部川直樹
発行所………有限会社 教友社
275-0017 千葉県習志野市藤崎6－15－14
TEL047(403)4818　FAX047(403)4819
URL http://www.kyoyusha.com
印刷所………モリモト印刷株式会社

ISBN978-4-911258-09-5 C3016